Louis Lavelle

Morale et religion

Essai

Le code de la propriété intellectuelle du 1er juillet 1992 interdit en effet expressément la photocopie à usage collectif sans autorisation des ayants droit. Or, cette pratique s'est généralisée dans les établissements d'enseignement supérieur, provoquant une baisse brutale des achats de livres et de revues, au point que la possibilité même pour les auteurs de créer des œuvres nouvelles et de les faire éditer correctement est aujourd'hui menacée. En application de la loi du 11 mars 1957, il est interdit de reproduire intégralement ou partiellement le présent ouvrage, sur quelque support que ce soit, sans autorisation de l'Éditeur ou du Centre Français d'Exploitation du Droit de Copie , 20, rue Grands Augustins, 75006 Paris.

ISBN : 978-2-37976-203-1

10 9 8 7 6 5 4 3 2 1

Louis Lavelle

Morale et religion

Essai

Table de Matières

PREMIÈRE PARTIE   7

DEUXIÈME PARTIE   47

TROISIÈME PARTIE   93

PREMIÈRE PARTIE

Chapitre I
LE LIEN DE LA MORALE ET DE LA RELIGION

Les valeurs spirituelles essentielles nous sont enseignées par la morale et par la religion. Mais le problème est précisément de savoir quel est le lien que nous pouvons établir entre ces deux disciplines ; et d'abord, c'est bien la morale sans doute qui nous fournit les règles de l'action ; mais peut-on admettre que ces règles soient assurées, si elles récusent le suprême fondement que la religion entend leur fournir ? C'est là un débat dont il faut reconnaître qu'il a longtemps divisé, qu'il divise encore peut-être les hommes de notre pays ; et il est à craindre que nous ne connaissions aucune paix sociale avant qu'il soit résolu.

De même, faut-il considérer la religion comme une sorte de mythologie de l'esprit qui recule peu à peu devant les progrès de la science et dont on peut dire qu'elle figure ou personnifie des notions que le rôle de la réflexion est d'élucider et de purifier peu à peu ? De plus, si on considère en elle son aspect proprement surnaturel, cette union avec Dieu qu'elle cherche à obtenir, ne mérite-t-elle pas le reproche qu'on lui fait souvent de nous obliger à mépriser les choses de la terre, au lieu de nous consacrer tout entier à les améliorer et à les réformer ? Nul ne peut nier que la morale, en cherchant à se passer de la religion, ne coure le péril, si elle y réussit, de manquer de base, et, si elle n'y réussit pas, de rester sous la dépendance d'une foi qu'il est impossible d'imposer à tous. Nul ne peut nier non plus que la vie religieuse ne tende d'abord à satisfaire toutes les aspirations de la vie morale et sous sa forme proprement mystique, à les absorber et à les dépasser. Et ne subsiste-t-il pas pour elle un problème dont elle n'a jamais réussi à se délivrer, qui est de savoir si notre destinée spirituelle exige seulement, comme Marthe, que nous vaquions avec exactitude à toutes nos besognes temporelles, ou, comme Marie, que la contemplation accapare toute notre âme au risque de nous les faire oublier ?

Telles sont les questions auxquelles s'était attaché déjà le génie si pénétrant et si souple de Bergson, toujours soucieux d'obliger la conscience à retrouver son élan le plus primitif et le plus pur, à ramener vers le même foyer tous les rayons de son activité dispersée. On l'a bien vu dans *Les deux sources de la Morale et de la Religion* où il nous montrait comment l'une et l'autre de ces règles de vie nous soumettent d'abord à certaines obligations, afin d'obtenir de nous des tâches définies, pour briser peu à peu le cercle d'impératifs où elles nous avaient enfermé et ouvrir notre âme tout entière sur une valeur infinie à laquelle toutes les fins particulières doivent être subordonnées et sacrifiées, comme dans la conduite du héros et dans celle du saint. Dans son *Esprit de la Religion*, M. Maurice Pradines poursuit une entreprise qui n'est pas sans rapport avec celle de Bergson, dont elle se sépare pourtant en plus d'un point. Il y a chez M. Pradines un dualisme comparable à celui du « clos » et de « l'ouvert » que Bergson avait rendu justement célèbre, et dont on peut dire qu'il exprimait, dans toutes les étapes de son système, l'opposition entre la puissance de l'esprit tantôt captée pour satisfaire nos besoins, et tantôt rendue à sa liberté créatrice. M. Pradines entend ce dualisme autrement : c'est celui d'une religion qui se confond d'abord avec la magie, et qui métamorphose peu à peu ses croyances pour répondre aux exigences morales de la conscience, mais qui est toujours traversée par ce double courant, et souffre ainsi d'un déchirement intérieur qu'elle ne parvient jamais tout à fait à guérir.

Mais peut-être faut-il penser que M. Pradines considère la religion du dehors et que ce déchirement, il le suppose, plutôt qu'il ne l'éprouve. Il apparaît comme l'effet d'une conception traditionnelle sur le rôle de la magie qui, au lieu de former l'élément primitif et peut-être essentiel de la religion, a toujours existé à côté d'elle, mais sans se confondre jamais avec elle. D'autre part faut-il dire que la morale a été d'abord indépendante de la religion, qu'elle était seulement une exigence de notre raison, qui a obligé peu à peu la religion à s'amender et à se purifier pour s'élever jusqu'à son propre niveau et ne point être condamnée par elle ? Ce qui serait assez vraisemblable si l'on comparait toujours la raison du sage avec la religion de l'idolâtre. Mais il y a aussi des aberrations de la raison, même la plus avancée. Et dans la religion la plus simple, à travers les mythes et les rites les plus singuliers, on trouve une pureté du cœur, un contact spirituel avec l'absolu qui éclairent la raison et qui la surpassent. La foi religieuse a engendré les saints comme la méditation rationnelle a engendré les sages. Et c'est par une union de plus en plus profonde avec Dieu que la religion se spiritualise, comme la morale s'idéalise par le progrès même de la réflexion.

L'opposition que M. Pradines cherche à établir entre la morale et la religion correspond assez bien à l'opposition du règne de la volonté et du règne de la grâce. Il nous montre que nous ne pouvons rien posséder dans l'ordre moral que nous ne nous le donnions, ni rien acquérir dans l'ordre de la foi que nous ne le recevions ; et tandis que le moindre germe d'hétéronomie vicie radicalement la vie morale, la moindre prétention d'autonomie corrompt radicalement la vie surnaturelle. De même la morale est tenue de prendre pied dans la nature, même quand elle entreprend de la réformer ; mais le propre de la religion, c'est de la considérer comme mauvaise et de la combattre toujours. Telle est la raison pour laquelle les vertus morales ne sont pas les mêmes que les vertus religieuses : les unes ont pour objet de maintenir la cité terrestre et les autres de nous donner accès dans la cité de Dieu. Ainsi la morale nous enseigne la tempérance tandis que la religion nous prêche la pénitence, la morale met l'accent sur le courage et la religion sur la mortification, la morale cherche à nous fortifier et la religion à nous purifier. L'une exerce nos puissances, l'autre les combat, l'une cherche à nous humaniser et l'autre à nous diviniser.

Tel est le dualisme peut-être un peu schématique de M. Pradines, qui laisse place à des compromis entre les deux tendances, mais en maintenant entre elles une divergence irréductible. Et le plus curieux dans une telle conception, c'est que l'humain a plus de valeur que le divin et ne cesse d'agir sur lui pour le redresser et lui permettre de répondre aux vœux les plus profonds de notre conscience. Il semblait pourtant que l'idée de Dieu, dans toute religion, c'était l'idée d'un être capable précisément de susciter ces vœux et de les combler, de nous faire sentir ce qui nous manque, ce qui nous dépasse, et de nous donner des forces pour l'acquérir. D'où provient donc cette sorte de privilège que l'on attribue à la morale sur la religion lorsqu'on demande qu'elle la juge et agisse sans cesse sur elle pour la réformer ? Il provient sans doute de ce lien trop étroit que l'on veut établir entre la religion et la magie et qui fait que Dieu est défini comme puissance plutôt que comme esprit, de telle sorte qu'on ne pense à rien de plus qu'à capter cette puissance par la prière ou par le rite pour la faire servir à ses propres fins. Et il est bien vrai sans doute que si la religion est devenue par degrés plus pure et plus spirituelle, c'est précisément parce que ce n'est plus à elle que nous nous adressons quand nous voulons exercer une action sur les choses, mais à une technique que la découverte des lois de la nature nous a permis d'édifier peu à peu. Si la magie a été autrefois une sorte de technique de forme religieuse, toute technique est maintenant de forme scientifique.

Mais ce qui a toujours été et ce qui est resté proprement religieux, c'est, non point la possibilité d'un succès obtenu à coup sûr dans n'importe quelle action grâce à la complicité d'une puissance plus grande que la nôtre et qui en dispose, c'est l'idée de la valeur suprême d'une certaine action à laquelle nous devons tout sacrifier, notre vie elle-même, parce qu'elle n'a point seulement pour nous un intérêt temporel, mais qu'elle engage notre destinée et avec elle la destinée de tout l'univers. Le problème moral n'est alors qu'un aspect du problème religieux : et il faut avoir le courage de reconnaître qu'aucune de nos actions ne pourra être proprement sérieuse, aucune vertu ne méritera ce nom et ne sera digne qu'on la pratique si, au delà des effets salutaires qu'on peut en attendre sur ce qui nous entoure, elles n'ont pas encore une signification dans l'Absolu.

Or, ce que la religion ne cesse de nous rappeler, c'est précisément notre rapport avec l'absolu. Et ce qui fait qu'on ne peut pas la séparer de la morale, c'est que l'absolu ne peut être posé que comme la suprême valeur et que ce rapport que nous soutenons avec lui n'est jamais un rapport de fait qu'il nous suffirait d'observer, mais l'effet d'une action qu'il dépend de nous d'accomplir. De là les exigences de la vie religieuse dont on peut dire qu'elles l'emportent toujours sur les exigences de la vie morale ou sociale, qu'elles les pénètrent et qu'elles les portent jusqu'au dernier point. Telle est la raison pour laquelle on peut se demander si la vie humaine, partout où elle remplit toute sa destination, n'affecte pas aussitôt un caractère religieux.

Il y a dans les analyses subtiles de M. Pradines beaucoup d'observations pénétrantes et dont on pourrait faire un usage tout à fait différent en montrant que ce n'est pas la morale qui spiritualise la religion, en transformant, comme il le dit, le Dieu fort en un Dieu saint, mais la religion qui spiritualise la morale en transformant une action honnête et juste en une action qui dépasse le monde et le rachète.

Considérons le problème si controversé du miracle. Faut-il définir le miracle comme une intervention de la volonté divine qui suppose toujours une rupture de l'ordre naturel ? Faut-il attendre du miracle quelque événement exceptionnel par lequel Dieu nous témoigne en quelque sorte sa faveur ? C'est là une thaumaturgie dont l'intérêt s'émousse vite. Car si l'on s'en tient à l'ordre des phénomènes matériels, c'est le monde tout entier qui est un grand miracle. C'est déjà un miracle comme le reconnaît M. Pradines de pouvoir allumer du feu. Mais le véritable miracle, c'est cette atmosphère même où je vis dès que je donne à tout ce qui m'arrive une signification spirituelle, dès que je reconnais dans toute rencontre que je puis faire une occasion qui m'est offerte, dès que j'adhère à cette foi dans une valeur suprême et absolue, qui ne cesse de renouveler les âmes et de transformer le monde. A partir de ce moment, les choses ne nous intéressent plus par les relations formelles qui les unissent, mais par la manière dont elles suggèrent, expriment, médiatisent l'action de chaque conscience sur elle-même et sur toutes les autres consciences. La science ne nous révèle plus que la surface des choses, la manière dont nous pouvons nous en emparer et nous en servir : elle ne nous montre pas ce qu'elles sont, à savoir les auxiliaires et les servantes de notre ascension personnelle et de notre communication personnelle avec tous les êtres.

Kant lui-même qui a fait plus qu'aucun philosophe au monde pour subordonner la religion à la morale n'a pas pu se passer de la religion cependant pour expliquer la possibilité idéale de cet accord sans lequel la vie ne vaudrait pas la peine d'être vécue entre les exigences intérieures de notre conscience et le monde où nous sommes placés. C'est l'affirmation que cet accord est possible et qu'il doit se réaliser un jour par notre entremise qui constitue la foi elle-même et qui la rend perpétuellement agissante et efficace. Mais la force qu'elle met en nous n'est rien si nous ne l'exerçons pas ; et elle n'est rien elle non plus si nous ne nous prêtons pas à son action qui vient de plus haut. Ainsi on peut bien dire que, dans la morale, tout dépend de la volonté et que, dans la religion, tout dépend de la grâce. Mais le propre de la grâce, c'est de solliciter sans cesse le consentement de la volonté, et le propre de la volonté, c'est d'obéir aux mouvements de la grâce. Le lien de la morale et de la religion réside en ce point où la volonté et la grâce ne se distinguent plus, où c'est une même action de recevoir et de donner.

Aussi, sommes-nous bien éloigné d'accorder notre adhésion à des formules comme celles-ci : « Que l'amour est un don de soi qui ne saurait être le fruit d'un don » ou que « Dieu ne peut incliner à beaucoup donner ceux qu'il incline à tout recevoir. » C'est le contraire qui nous semble vrai : seul celui qui ne s'attribue rien en propre ne garde rien pour lui et de lui il faut dire que sa générosité consiste indifféremment à accueillir et à répandre. Dès lors, l'intervalle entre la religion et la morale tend à s'effacer. La religion n'est plus, comme on le croit, le contraire de la raison : c'est par elle que le Verbe devient présent dans chaque conscience ; c'est elle d'abord qui nous rend « *rationis particeps* », comme le voulait Malebranche. Et la morale à son tour n'est pas exclusivement humaine : c'est une greffe divine, selon le mot de Bergson. On convient il est vrai qu'une religion mystique nous élève au-dessus de toute morale : c'est l'union avec Dieu qu'elle cherche et non pas une action bienfaisante. Mais on peut dire qu'elle produit celle-ci sans y penser et avec une sorte de surabondance que la volonté cherche à imiter, sans parvenir à l'égaler.

24 juillet 1941.

Chapitre II
LE PRAGMATISME RELIGIEUX

Il y a peu de doctrines, avant la guerre, qui aient exercé sur les esprits une influence plus étendue et plus confuse que le pragmatisme. Le pragmatisme avait pris naissance dans les pays anglo-saxons à la fin du dix-neuvième siècle. Il exprimait une réaction contre le monisme idéaliste de Hegel qui avait peu à peu supplanté l'empirisme traditionnel dans les universités anglaises et américaines. Il déclarait la guerre à l'intellectualisme et à la philosophie des « concepts ». En termes très généraux, on peut dire qu'il prétendait réhabiliter l'expérience aux dépens de la dialectique, la vie aux dépens de l'intellect, le changement aux dépens de l'immobilité, la liberté aux dépens de la nécessité rationnelle, et la pluralité des initiatives individuelles aux dépens de l'unité du monde. Mais, en termes plus précis, il cherchait d'abord à sauvegarder le caractère original, toujours nouveau, à la fois infini et imprévisible, d'une activité créatrice qui déborde sans cesse la pensée claire : ce qui le rapprochait du romantisme : et il refusait ensuite de soumettre cette activité à un autre critère qu'à celui des résultats en se réglant rigoureusement sur le précepte de l'Evangile : « Vous jugerez l'arbre à ses fruits » : et cela permettait à M. René Berthelot de le définir, par une association de mots qui avait d'abord paru étrange, comme un *Romantisme utilitaire*. Dans une telle conception, le conflit qui semblait opposer irrémédiablement la vérité scientifique et la vérité religieuse perdait toute acuité : car la science n'était qu'un ensemble d'hypothèses justifiées par la fécondité de leurs applications et le dogme, un ensemble de croyances justifiées par les secours spirituels qu'elles apportaient à la conscience des fidèles.

Mais, bien qu'une inspiration philosophique voisine puisse être retrouvée dans les œuvres d'Henri Poincaré, de M. Bergson ou de M. Le Roy, le pragmatisme n'a point réussi à s'implanter en France profondément. Le mot même a toujours été suspect et mal compris. Non point que nous songions jamais à rabaisser la valeur de l'action ou celle du sentiment : mais si l'intelligence ne parvient pas à les envelopper et à les pénétrer, nous craignons de nous laisser entraîner. Il nous semble que ce n'est pas tout à fait agir que de ne point agir pour des raisons, ni tout à fait sentir que de ne pas discerner dans le sentiment la touche d'une idée. Depuis la guerre on assiste même, semble-t-il, à une renaissance de l'intellectualisme dont le thomisme fournit une sorte de témoignage sur le terrain de la pensée religieuse. Nous ne voudrions rien laisser perdre pourtant de cette sève spirituelle dont le pragmatisme avait cherché un moment à retrouver la source : elle doit gonfler nos « concepts » sans les faire éclater ; et le véritable rôle de la lumière est de la rendre transparente, mais non de la tarir.

Le représentant le plus illustre du pragmatisme a été William James. M. Gilbert Maire lui consacre aujourd'hui une étude très sympathique, très pénétrante et très informée, sous le titre *William James et le pragmatisme religieux*. « Il est des hommes, dit M. Bergson, que leur œuvre suffit à révéler. Il en est d'autres dont la personnalité surpassera toujours l'œuvre, et c'est le cas de William James. » Or, nous avons appris à mieux connaître l'homme, grâce à la publication de sa correspondance dont MM. Floris Delattre et Maurice Le Breton nous ont donné des *Extraits* et M. Jean Wahl un subtil commentaire (*Vers le concret*, pp. 27-125) ; nous savons aujourd'hui comment sa philosophie s'est mariée avec sa vie, comment elle s'est formée peu à peu à travers de multiples influences, traduisant tour à tour ses élans, ses enthousiasmes, ses crises de découragement et de désespoir. M. Frank Abauzit, d'autre part, a publié récemment sous le titre : *l'Expérience religieuse, essai de psychologie descriptive*, la troisième édition de cette précieuse traduction épuisée depuis 1911, par laquelle il avait rendu accessible aux lecteurs français l'ouvrage le plus émouvant de William James, celui où, en présence du problème de la destinée, il nous livrait, avec la sincérité la plus dépouillée, ses aspirations les plus profondes, l'anxiété et l'espoir qu'elles lui donnaient, en même temps qu'une sorte d'impuissance qu'il éprouvait à les satisfaire. Enfin, dans son dernier livre sur les *Deux sources de la Morale et de la Religion*, M. Bergson, qui était l'ami de James, et qui a exercé sur lui la plus grande influence, nous apporte, trente ans plus tard, une solution personnelle du même problème dans laquelle on reconnaît souvent les mêmes résonances.

*

Le livre que James avait consacré aux *Variétés de l'expérience religieuse* constitue un témoignage extrêmement curieux. C'est le livre d'un psychologue qui étudie la foi, la conversion, les états mystiques comme autant de faits de conscience réels, et non point illusoires, qui scrute leur nature et leurs effets avec beaucoup de compréhension et de sympathie, qui pressent en eux une sorte d'extension de l'expérience commune et comme une voie d'accès à l'intérieur d'un monde invisible où l'on ne saurait pénétrer sans eux, mais qui, par un singulier paradoxe, ne découvre rien de semblable au fond de lui-même. A cet égard il ne craint pas de multiplier les aveux. « Mon tempérament m'interdit presque toute expérience mystique et je n'en puis parler que d'après les autres. » Quand il fait mention de ses propres croyances il ne dissimule pas qu'on les trouvera sans doute « assez pâles » ; la foi personnelle de cet ennemi de l'abstraction n'est à ses propres yeux qu'une foi abstraite : « Je suis, dit-il encore, tout à fait en dehors de toute confession. » Il va plus loin : « Je ne puis prier. » Et il ajoute même : « Si des idées chrétiennes sont mêlées à l'expression d'une expérience mystique, il me faut un effort avant que je puisse leur prêter attention. » On peut dire de lui qu'il regarde dans le temple avec un œil chargé de curiosité et de désir : mais il est clair qu'il ne dépasse pas le portique.

Dès lors, quand il prend la défense de la religion, c'est pour la définir par l'exercice d'un sens dont ses propres déclarations montrent qu'il est privé. Mais il ne consent point à condamner une forme d'expérience qui lui est refusée. Car il sait qu'il y a dans l'expérience une possibilité infinie, un perpétuel au-delà qu'aucune décision de la raison n'est capable de borner. Quand il parle de l'expérience religieuse, il est admirable de modestie, de respect et d'ouverture. Il pressent par l'instinct et par l'imagination ce qu'il déclare avec tant de pudeur ne point ressentir. Il ne craint point d'invoquer, au risque qu'on le lui applique, le mot célèbre du théologien persan Al Gazali : « Combien grande est la différence entre savoir la définition de la santé et être réellement bien portant, entre savoir en quoi consiste l'ivresse et être ivre effectivement ! »

On pourra se demander avec M. Gilbert Maire ce qu'est capable de dire en présence d'un homme de foi un homme qui est étranger à toute émotion religieuse. On répondra avec lui qu'il dira à peu près ce que dirait, en présence d'un homme qui aime, un homme qui n'a pas connu l'amour. Ici, pourtant, il importe d'établir une distinction : car les uns, jugeant de tout ce qui leur est offert d'après leur expérience personnelle, regardent comme un accident morbide tout sentiment qu'ils n'ont pas éprouvé : nul ne songera à ranger W. James parmi eux ; les autres au contraire, jugeant de ce sentiment d'après ses effets, le rapporteront à une puissance dispensatrice de certains bienfaits qu'ils n'ont pas reçus ; et on peut penser que de ces bienfaits, W. James goûtait au moins les prémices. L'optique, dit-il, n'existerait pas sans l'expérience de ceux qui voient : de même, une science de la religion ne serait pas possible sans l'expérience immédiate de ceux qui croient ; mais il serait injuste de le rejeter définitivement parmi ces aveugles qui sont forcés d'accepter les résultats de l'optique sans être jamais en état de les vérifier eux-mêmes.

W. James est un réaliste qui pense que la conscience nous met directement en contact avec des choses : mais le monde qui se présente à elle possède un immense arrière-plan. On ne peut donc limiter par avance son pouvoir : elle peut avoir plus ou moins de pénétration ou de délicatesse, révéler aux uns ce qu'elle cache aux autres, recevoir parfois de brusques et passagères illuminations. Il semble même qu'il y ait en chaque être différentes consciences associées qui se gênent pour ainsi dire l'une l'autre et s'exercent tour à tour selon la direction de l'attention et du désir. Autour de la conscience claire, on observe, pour se servir de certaines métaphores qui sont devenues classiques, une marge, une frange qui reste encore dans la pénombre, qui se prolonge jusqu'au cœur même du réel et forme entre lui et nous une zone de communication sans cesse mouvante. Ce qu'on nomme le seuil de la conscience marque seulement le point où le moi, grâce à la réflexion, commence à acquérir le sentiment de son existence indépendante. Mais il y a encore au delà une conscience « subliminale » qui plonge des racines profondes dans le monde spirituel : « Les hommes vraiment religieux ont un moi subliminal étendu avec un étroit passage à travers lequel les messages de l'invisible viennent faire irruption. » Tel est aussi le rôle de ce « diaphragme psychique » dont nous parle Myers et qui est plus ou moins perméable selon les individus. Dans le langage pluraliste que W. James emploie avec tant de complaisance, il nous dira que tout se passe « comme si notre conscience normale n'était qu'un type particulier de conscience séparé par une fine membrane de plusieurs autres consciences qui attendent le moment favorable pour entrer en jeu ».

Dès lors, on ne s'étonnera pas que l'intensité la plus grande de la vie religieuse puisse coïncider avec certains troubles de la perception ou de l'émotion comparables à ceux que l'on trouve dans quelques névroses. Un équilibre instable de la vie physique ou mentale peut nous rendre plus sensibles à certaines actions ou à certaines présences mystérieuses qui viendraient heurter une santé trop robuste sans parvenir à l'émouvoir. Il ne faut se servir de ces troubles du corps ni pour relever les états spirituels qui les accompagnent, comme s'ils étaient la garantie de leur origine surnaturelle, ni pour les condamner, comme s'ils suffisaient à démontrer leur caractère pathologique. Les mêmes arguments ont été employés aussi injustement à l'égard des hommes de génie, tantôt pour les admirer davantage, en les mettant au-dessus de la condition commune, tantôt avec malignité, pour les rapprocher des anormaux et des fous. Mais ni la fièvre intérieure la plus ardente, ni l'exaltation la plus exceptionnelle de la sensibilité ne nous apportent le moindre indice en faveur de la vérité d'une révélation ou de la sainteté d'une vie. L'Eglise s'est toujours méfiée avec raison de ces grands ébranlements : elle en attend le meilleur et le pire. Car la véritable perfection intérieure réside dans une harmonie pleine de douceur et de lumière : elle met toutes les choses à leur place avec tant de simplicité qu'on la remarque à peine et qu'elle semble abolir toute distinction entre la grâce et la nature.

Mais l'expérience religieuse, telle que James la décrit, nous paraît répondre particulièrement aux exigences de l'âme américaine. Elle surprend parfois le lecteur européen, même le plus bienveillant, par un singulier mélange d'éléments disparates et dont la qualité spirituelle est très inégale. W. James ne s'intéresse point au dogme ni au rite, mais seulement à « un sentiment tout intime qui naît, s'épanouit et meurt dans la conscience d'un individu ». Or cet individu reçoit des illuminations dont il est seul à pouvoir être juge. Elles n'ont point de contenu représentatif, mais leur potentiel affectif et actif est extrêmement élevé. Dieu est pour W. James le foyer d'énergie dans lequel une âme religieuse ne cesse de puiser. L'essence de la religion est d'être « dynamogénique ». Elle doit tonifier et ranimer la puissance vitale. Ce n'est donc pas la rabaisser que de lui attribuer une véritable fonction biologique. Il ne suffit pas qu'elle nous fournisse des prières pour le bon usage des maladies, comme on le voit chez Pascal ; elle doit encore les chasser et guérir l'humanité de tous ses maux, comme l'affirment les innombrables sectateurs de la *Christian Science* et de la *Mind Cure*. Elle nous donne le sentiment d'une présence obscure, mais qui ne cesse de nous soutenir. Cette présence est sensible et presque physique. « Toute la chambre semblait pleine de Dieu. L'air semblait vibrer de la présence de quelque chose d'inconnu ». Et c'est de la métapsychique ou du spiritisme que l'on semble attendre à la fin les faits décisifs qui donneront à la religion son dernier caractère de positivité. On voit à quels risques de contamination on expose l'objet de la foi en voulant qu'il soit toujours appréhendé et vécu, sans être jamais inféré, en élargissant sans cesse autour de la conscience l'espace spirituel de telle manière qu'il devienne à la fin pour l'imagination « une mer de possibilités ».

Pourtant, on ne saurait douter que James n'ait réussi à dégager avec beaucoup de vigueur et de relief les traits caractéristiques de cette émotion qui s'empare de la conscience lorsque la foi commence à la pénétrer. Il a étudié avec prédilection le phénomène de la conversion et montré comment il rajeunit et transfigure la vision que l'individu avait jusque là du monde. Toute conversion semble donner au monde une signification à la fois évidente et cachée. Leuba disait déjà que, par elle, tous les mystères de la vie deviennent transparents. Elle réconcilie l'être avec lui-même. Elle n'abolit pas la souffrance contre laquelle il se révoltait ; mais elle l'oblige à l'accepter et pour ainsi dire à la vouloir. Elle rompt à ses yeux l'indifférence de la nature : elle l'invite à adresser sans cesse au tout un appel dont il est impossible qu'il ne soit pas entendu. L'être cherche et trouve partout autour de lui une intention qui lui est adressée. Le propre d'une conversion c'est de rendre présente à la pensée l'idée de la totalité du monde dans laquelle l'individu a une destinée unique et privilégiée. Et pour que la vie religieuse ne vienne pas s'exténuer dans l'habitude, il faut qu'elle soit une conversion de tous les jours.

W. James a vu aussi admirablement que, dans toute vie religieuse, l'être a la certitude de courir un risque et de s'engager personnellement et tout entier. Il ne nous coûte rien d'adopter la géométrie euclidienne ou les lois de Mariotte ; mais il n'en est pas de même de nos maximes religieuses : ici nous sentons bien qu'il y va de notre destinée. Aussi toute pensée religieuse suffit-elle pour donner à notre vie un caractère de gravité et même de solennité. Et comment pourrait-elle être absente du pragmatisme qui s'est toujours détourné d'un monde déterminé et achevé et dans lequel notre sort serait fixé d'avance pour nous montrer un monde toujours en croissance qui est l'effet du concours de toutes les volontés humaines ? Ainsi le pragmatisme nous assigne une responsabilité dans l'œuvre même de la création. « Chaque homme peut contribuer à sauver l'univers en sauvant son âme. L'univers peut donc être sauvé par les hommes. »

Pourtant on peut craindre que cette fonction religieuse de l'homme n'arrive à mettre l'homme à la place de Dieu ou du moins à confondre Dieu avec l'idéal toujours renouvelé et agrandi que l'homme ne cesse de se proposer. Comment interpréter autrement ces textes si nombreux dans lesquels on nous demande de nous servir de Dieu comme d'un allié puissant, en nous le décrivant comme un Dieu faillible, qui préside, il est vrai, à cet univers peu cohérent, mais qui ne peut lutter pour le triomphe de l'ordre et du bien qu'avec le concours de l'homme ? Sans doute il est beau de penser, comme le dit M. Gilbert Maire, que « nos pauvres petites croyances personnelles peuvent aider Dieu à travailler plus efficacement aux destinées de l'univers ». Mais les âmes les plus ferventes ne jugeront-elles pas impie cette idée d'un Dieu qui a besoin d'être secouru ? Pourront-elles jamais s'accommoder d'une déclaration comme celle-ci : « Il n'y a pas d'absolu » ? Ne demanderont-elles pas toujours que l'on prenne à la lettre cette parole de Bœhme qui permet de descendre sans doute jusqu'à la racine commune de tous les états mystiques : « Je ne suis rien. C'est Dieu seul qui est mon *Je suis.* » ?

27 août 1933.

Chapitre III
RÉFLEXION SUR LE PANTHÉISME

« Je n'ai point encore rencontré une seule personne, disait Gœthe à propos du panthéisme, qui sache ce que ce mot signifie. » Et pourtant il n'y a point de mot qui exerce sur l'esprit plus de séduction ni qui lui inspire plus d'inquiétude. Chacun de nous se sent naturellement attiré vers le panthéisme ; en faisant de tous les êtres particuliers des parcelles de la divinité, le panthéisme relève leur dignité, les associe à l'œuvre continue de la création et leur fait sentir à la fois leur parenté mutuelle et leur communauté avec la nature entière. Mais ce mot éveille toujours au fond de la personnalité une sourde révolte ; car il semble qu'il nous invite à considérer notre initiative, notre indépendance et pour ainsi dire notre vie propre comme abolies ; il ne laisse subsister dans tout l'univers qu'une impulsion infiniment puissante que nous nous bornons à subir. Or, ce n'est point sans un sentiment d'impiété que nous acceptons de nous diviniser et d'attribuer à nos démarches les plus frivoles ou les plus viles une aussi sublime origine.

Le panthéisme jouit d'un immense prestige parce qu'il affirme l'unité de l'être, qui répond aux exigences les plus profondes de notre pensée ; parce qu'il nous délivre de notre existence séparée, qui nous paraît toujours énigmatique et misérable ; parce que enfin il nous fait participer à la grandeur du tout, qui cesse de nous accabler, et à la perfection de Dieu, qui cesse de nous humilier. Mais, en détruisant cette dualité et même ce conflit qui oppose le tout à la partie et le créateur à la créature, le panthéisme nous fait craindre tantôt de rabaisser jusqu'à nous le principe dont notre existence dépend, tantôt au contraire de méconnaître nos limites et, sous prétexte de nous mieux soutenir, d'absorber et même de fondre notre moi particulier dans un être plus vaste où il s'engloutit. Ainsi, en refusant de reconnaître notre indépendance à l'égard du tout qui est présent en nous et qui nous anime, le panthéisme semble tantôt élever notre vie jusqu'à l'absolu, tantôt la détruire et pour ainsi dire la noyer dans un océan d'indétermination où toutes les différences s'abolissent. Il résout, en le consommant, le drame de l'individualité : et nous éprouvons à la fois un soulagement et une déception à sentir s'apaiser, dans ce tout grandiose et indivisible dont il n'est qu'une ondulation, le débat intérieur et douloureux qui nous donne à chaque instant l'illusion de nous séparer de l'univers par un acte de volonté et de nous réunir à lui par un acte d'amour.

Le panthéisme identifie Dieu et le tout ; et c'est pour cela qu'on l'a souvent considéré comme un matérialisme, car il semble que le tout n'est rien de plus que la somme de toutes ces choses que l'expérience commence seulement à mettre sous nos yeux. Ainsi le tout a le double avantage d'être homogène à ce que nous connaissons et de surpasser infiniment toutes nos connaissances réalisées ; et, comme hors de lui, il n'y a rien, il présente tous les caractères de l'absolu : c'est une sorte de Dieu visible. Mais aucun matérialiste ne revendique pourtant le nom de panthéiste ; et l'identification du tout et de Dieu lui paraît inutile et suspecte. Pour le panthéisme, en effet, le tout n'est pas une somme de parties, il est antérieur aux parties : il permet aux parties d'apparaître dans son sein : elles sont les modes par lesquels il se réalise et non pas les éléments qui, en se composant, deviendraient capables de le produire. Ainsi, il y a dans le panthéisme une primauté de l'un par rapport au multiple, c'est-à-dire de l'esprit par rapport aux choses. Car l'esprit est infiniment plus proche du tout qu'aucune des choses particulières, puisqu'elles ne forment un tout que parce qu'il est capable de les penser, c'est-à-dire de les contenir et de les embrasser toutes à la fois. Ainsi on comprend que le tout puisse nous paraître de nature divine aussi bien parce qu'il enveloppe en lui toutes les parties et surpasse infiniment chacune d'elles que parce qu'il ne cesse de les engendrer et de leur donner la vie.

Même ainsi défini, le panthéisme se présente encore sous des formes très différentes. Il y a un panthéisme sentimental, qui est alimenté par les puissances de la sympathie et du rêve, qui a été chanté par les poètes et vers lequel nous inclinent certaines émotions où il semble que nos limites se perdent, qu'une communion s'établit entre la nature et nous et que notre conscience particulière se dissout. Ce panthéisme, senti et vécu plutôt que pensé, est une sorte d'abandon et de complaisance à l'égard de tous les mouvements du désir, de toutes les impressions fugitives qui nous viennent des choses et par lesquelles il semble que l'univers nous pénètre et répond à nos appels. Il y a un panthéisme intellectuel, qui considère le monde comme une vérité totale pensée par une intelligence infinie, et qui fait de tous les phénomènes et de tous les êtres des vérités particulières enchaînées par les liens d'une inflexible nécessité logique. Le monde est alors la pensée de Dieu ; tous les individus particuliers deviennent des idées qui n'ont aucune existence indépendante, mais qui subsistent dans l'esprit pur et qui sont liées les unes aux autres comme les différents anneaux d'un immense raisonnement. Dans le panthéisme sentimental, je m'unis à Dieu, qui est confondu avec la Nature, par une sorte de détente affective. Dans le panthéisme intellectuel, je m'unis à Dieu, qui est confondu avec la vérité, par le pur exercice de la Raison. Mais de part et d'autre la volonté est oubliée, comme si elle était le principe sur lequel se fonde l'existence séparée et comme si le propre du panthéisme était de l'abolir. Il y a pourtant un panthéisme de la volonté qui regarde Dieu comme une volonté souveraine dont toutes les volontés particulières sont la manifestation, et qui demande à celles-ci de s'unir si étroitement au principe qui les alimente qu'elles renoncent à toute initiative : ainsi dans un certain panthéisme mystique, au moment où l'amour de Dieu atteint son dernier point, il faut que la créature s'anéantisse, comme si ce n'était pas au contraire la perfection de l'amour de fonder la réalité des êtres qui s'aiment et comme si tout acte de création n'était pas lui aussi un acte d'amour.

Il n'y a pas de grande pensée philosophique ou religieuse qui n'incline vers le panthéisme, qui ne puisse être soupçonnée d'y conduire et qui ne se défende pourtant d'y tomber. Aussi le mot panthéisme est-il plutôt employé par les adversaires d'une doctrine pour la critiquer que par ses partisans pour la qualifier. Il représente un danger auquel l'esprit est toujours exposé dans la mesure même où il a plus de force et plus d'ambition, une limite vers laquelle il doit tendre mais à laquelle il ne peut pas aboutir, une contradiction qui l'attire mais qu'il lui faut repousser, puisqu'en effaçant la distinction entre l'individu et le tout il ne ferait que détruire l'individu pour lui donner une existence plus assurée. Mais ce serait une erreur de penser que l'être fini qui cherche à reculer sans cesse ses propres limites désire les voir disparaître un jour : il sait bien qu'il disparaîtrait alors lui-même au lieu de se diviniser. Or il ne confond pas avec le néant l'infini auquel il aspire : il ne vise point à occuper, par une absurde gageure, un monde désert sur lequel il serait seul à régner. Et même il ne souffre pas toujours de ses limites : il jouit en elles d'une existence qui lui est propre et qui a toute la puissance et tout le secret de l'intimité ; il veut se sentir responsable de son progrès, découvrir hors de lui un univers dont il est heureux de contempler la richesse, être entouré d'êtres différents de lui, mais dont il aime la présence, qui ne cessent de le soutenir et qui multiplient à la fois ses obligations et ses forces. Enfin, il accepte d'être séparé de Dieu pour avoir la joie de s'unir à lui par un acte vivant qui ne se consomme jamais.

*

On peut découvrir une inspiration panthéiste dans tous les systèmes métaphysiques qui placent l'unité de l'être au-dessus de la diversité de ses formes particulières : par exemple chez Parménide, qui, pour ne pas briser cette unité, retire l'existence du monde sensible, chez Spinoza, qui considère tous les êtres individuels comme des modes de la substance infinie, chez Hegel enfin, pour qui l'évolution du monde n'exprime rien de plus que les phases successives à travers lesquelles l'Idée se réalise. Le panthéisme reparaît chaque fois que la pensée reprend confiance en elle-même : mais il se heurte toujours à la même résistance, au même besoin de sauvegarder l'indépendance de l'individu et, sinon de le soustraire à la loi du tout, du moins de lui assigner un domaine dans lequel il est l'artisan de sa destinée. De nos jours, où la philosophie semble retrouver une vie nouvelle, on observe aussi une certaine renaissance du panthéisme. On pourrait citer en exemple un système comme celui d'Alexander, qui fait de l'Espace-Temps un Dieu actuel et infini, analogue à la substance de Spinoza, mais qui est animé d'un mouvement intérieur, comparable à celui du Dieu hégélien, par lequel il ne cesse de créer et d'enrichir sa propre divinité. M. Julien Benda, qui vient d'écrire l'*Essai d'un discours cohérent sur les rapports de Dieu et du monde*, ne craint point de se réclamer ouvertement du panthéisme, et il reconnaît entre sa pensée et celle d'Alexander une affinité. Mais le panthéisme de M. Benda revêt une forme très particulière, où le goût de la rigueur intellectuelle s'allie avec la vivacité de l'esprit polémique, où l'on condamne chez l'individu tout appétit de domination, mais d'un ton si impérieux que c'est l'individu qui semble vouloir triompher encore dans la manière même dont il nous demande d'abdiquer.

On est surpris aussi de voir M. Benda identifier Dieu avec l'être indéterminé ou, comme il le dit, avec le nombre infini. Car l'idée contradictoire du nombre infini peut nous être utile pour nous suggérer par une sorte de comparaison comment, à l'égard de l'infini, toutes les différences particulières s'égalisent ; car elles ne s'écartent que par ce qui leur manque, et Dieu peut être défini comme le foyer dans lequel elles puisent toute la réalité qui leur permet de naître, et le foyer aussi vers lequel elles iraient converger, si elles poursuivaient sans l'interrompre le sillon qu'elles commencent seulement à tracer dans la totalité du réel. Mais ce n'est là qu'une comparaison, et, si l'on nous permettait d'utiliser le langage technique des logiciens, nous dirions que Dieu ne peut pas être défini dans le langage de l'extension, mais seulement dans le langage de la compréhension, et qu'au lieu de contenir tous les êtres à la manière dont le nombre infini contient tous les nombres, c'est-à-dire en les rendant identiques par rapport à lui, il pourrait être défini comme ce sommet de l'être qui est infiniment éloigné du néant, parce qu'il est précisément la pointe extrême de toutes les différences. En un sens, c'est dans la mesure où nous participons au néant et non point à l'être qu'il y a entre nous de la similitude et de l'homogénéité : c'est au contraire en découvrant et en réalisant une vocation singulière et irremplaçable que chacun de nous accomplit sa véritable destinée et demeure le plus étroitement uni à Dieu.

M. Benda a le mérite de voir avec beaucoup de netteté que toute détermination a un caractère négatif : il sent très vivement qu'il y a un amour de soi qui nous sépare de Dieu et un désir de conquête qui nous en éloigne indéfiniment. Il reprend le mot de l'Ecclésiaste qui nous commande de nous détacher de notre volonté. Il observe que le renoncement à soi est l'exigence fondamentale de la vie spirituelle de tous les temps, que la croyance dans un être absolu et infini est au fond de toutes les consciences et que le retour à Dieu est leur aspiration la plus profonde et la plus belle. Il n'y a personne qui puisse refuser son assentiment à de telles formules, mais à condition de ne pas les infléchir dans le sens de ce nihilisme où M. Benda paraît se complaire. Car si toute détermination a un caractère négatif, c'est par ce qu'elle exclut et non par ce qu'elle enferme. Si on cherche seulement à la détruire on n'obtient pas ce qui la dépasse, mais on perd ce qu'elle nous donnait ; et ce qu'on nous présente comme un courage de la pensée nous ôte la faculté de penser et le courage de vivre. Faut-il donc admettre que nous devons seulement chercher à reculer nos limites et non point à les abolir ? Mais c'est là s'abandonner encore à cet instinct de domination dont M. Benda voit très justement qu'il nous détourne de Dieu au lieu de nous en rapprocher. Seulement il oublie qu'il y a un bon usage de nos limites elles-mêmes : c'est humilité de les accepter, c'est lucidité de reconnaître partout autour de soi d'autres existences limitées dont la présence nous réjouit au lieu de nous opprimer, c'est sagesse de renoncer à une activité qui cherche à rayonner sur un domaine de plus en plus vaste, mais de chercher à atteindre le cœur de l'être et de la vie dans un approfondissement de cette intimité si étroite et si secrète par laquelle chacun de nous plonge ses propres racines dans l'essence même du réel. Il y a dans le moi une ambition qui est une forme du divertissement, et par laquelle le moi se fuit parce qu'il est incapable de se supporter. Mais le véritable retour à Dieu est un retour à soi-même. Et Dieu qui nous appelle à l'être n'est point jaloux de notre existence : s'il nous accueille, ce n'est pas pour nous obliger à l'anéantir, mais pour nous permettre de la réaliser.

Sans doute ce n'est pas le Dieu indéterminé de M. Benda qui peut nous appeler à l'être. Car toute existence déterminée est une négation de ce Dieu et pour ainsi dire une révolte contre lui. Dès lors on pourra demander d'où vient cette puissance qui permet au monde et à l'homme d'apparaître et de se tourner ainsi dès leur première démarche contre l'être même à l'intérieur duquel ils ont pris naissance. M. Benda répond que le propre du vouloir c'est de se créer lui-même, c'est d'être un premier commencement qui n'a besoin ni d'origine ni de justification : aussi ne craint-il pas de dire que « l'apparition du monde est une chose dont la raison voulait qu'elle n'eût pas lieu ». Elle est donc l'effet d'un miracle de la volonté, qui n'est surpassé que par cet autre miracle qui permet à la volonté de se renoncer un jour elle-même et de désirer faire retour à l'indétermination qu'elle a rompue.

Mais les miracles dont on nous parle sont ceux de la liberté. La liberté est un pouvoir d'option ; elle n'existe que si elle peut ou bien capter la puissance dont elle dispose pour servir les intérêts d'un égoïsme avide et mécontent, ou bien la consacrer à des fins universelles qui, seules, remplissent toute notre capacité et nous permettent de nous renoncer, mais en nous accomplissant. Seule cette liberté fait de nous des êtres et non pas des choses ; seule elle nous oblige à nous donner l'être à nous-mêmes ; seule elle engage notre responsabilité ; seule elle donne un sens à l'action que nous faisons et qui ne nous appartient que parce que nous aurions pu ne pas la faire. Or M. Benda reconnaît que son Dieu privé de toute détermination possède nécessairement la liberté. Nous regrettons qu'il n'ait pas insisté davantage sur ce caractère, qui lui aurait permis d'établir un passage entre Dieu et le monde, qui n'ont le pouvoir de se contredire que parce qu'ils ont aussi le pouvoir de s'accorder. Sans doute la volonté rebelle qui règne dans le monde en créant sans cesse de nouvelles déterminations forge ses propres chaînes, mais elle a aussi le pouvoir de s'en délivrer, puisque le retour à Dieu reste toujours possible pour elle.

Le rapport entre le créateur et la créature est un rapport entre deux libertés. Créer un être ne peut être pour Dieu que lui donner la force de se créer lui-même. Même dans les relations des hommes entre eux il est impossible à une liberté de faire un autre don que le don d'elle-même, c'est-à-dire d'agir autrement qu'en devenant pour tous les êtres autour d'elle une puissance de libération. Mais, en demeurant séparées, les libertés particulières font apparaître tous les obstacles qui les retiennent ; en se complaisant dans leur séparation, elles entrent en lutte les unes contre les autres et deviennent prisonnières de tous leurs actes. Et elles contribuent ainsi à former ce spectacle du monde visible où chacune d'elles peut contempler l'image de sa puissance et de ses limites, et qui semble assujetti à une rigoureuse nécessité. Mais ce n'est que l'aspect extérieur d'un monde plus vivant, plus profond et plus caché, où règne l'initiative et non pas l'indétermination. Le rapport entre Dieu et les êtres particuliers n'est donc intelligible que si Dieu fait participer tous les êtres au seul pouvoir dont il dispose, et qui est de se créer lui-même et de créer tout ce qui est par un acte d'amour intarissable. Nul être n'agit jamais que par amour, mais il peut agir par amour pour lui-même ; alors, il s'expose à tous les échecs et à toutes les misères, car il sépare de son origine et resserre sur elle-même la puissance qui lui a été donnée et qui portait en elle une aspiration infinie. Mais s'il consent à lui laisser tout son mouvement, alors il forme en Dieu une véritable société avec tous les êtres : car c'est en se renonçant qu'il se crée, ou, plus précisément encore, c'est en trouvant Dieu qu'il se trouve lui-même.

1er novembre 1931.

Chapitre IV
LE THÉISME ET LE PANTHÉISME

Il y a entre le théisme et le panthéisme une parenté fort étroite, et pourtant une contradiction si profonde que le panthéisme est considéré parfois comme un véritable athéisme. Leur parenté est fort étroite, car si le propre du théisme est de soutenir qu'il existe un esprit souverain et personnel dont le monde dépend, et qui est la source de la lumière qui nous éclaire et de l'activité que nous exerçons, le panthéisme fait-il rien de plus que de pousser ces affirmations jusqu'à la limite, de soutenir que c'est Dieu qui pense en nous dans toutes les opérations de notre intelligence, que c'est lui qui agit en nous dans toutes les opérations de notre volonté ? L'admirable formule que c'est en Dieu que nous recevons l'être, le mouvement et la vie doit-elle donc être interprétée comme nous inclinant déjà vers le panthéisme ? Toute méditation qui s'applique à considérer notre insuffisance et notre misère, l'état de dépendance où nous sommes tenus et la nécessité où nous sommes de recevoir tous les pouvoirs même dont l'usage nous est laissé, nous conduit à rapporter à Dieu comme à leur principe et à leur origine tous les attributs positifs qui constituaient pour nous d'abord les véritables prérogatives de l'homme, de telle sorte que celui-ci n'est plus défini à la fin que par des attributs négatifs, et par ce qui lui manque plutôt que par ce qu'il possède. Qui veut trop rabaisser l'homme pour être plus sûr de relever Dieu, aboutit à absorber en Dieu ce qui formait toute la réalité de l'homme. Il lui retire toute efficacité : en lui, il laisse tout faire à Dieu. Au terme d'une telle démarche, il n'y a plus que Dieu. Ce qui donne à notre esprit une secrète satisfaction, en lui permettant tout à la fois de garder la conscience de lui-même et de diviniser toutes les actions qu'il accomplit.

Mais au moment où il obtient un tel succès, l'esprit éprouve une sorte d'étonnement. Il arrive ici, comme dans tout passage à la limite, que le caractère dont on avait voulu pousser le développement jusqu'au dernier point s'évanouit lorsque ce dernier point est atteint, ou bien se change en son contraire. Maintenant qu'il n'y a plus que Dieu et que tout est Dieu, n'est-ce point comme s'il n'y avait plus de Dieu, comme si Dieu lui-même était aboli ? Il est évident en effet que nous ne pouvons concevoir Dieu que dans son rapport avec l'homme, qui ne cesse de le chercher comme le principe de toutes les exigences qu'il trouve au fond de sa conscience et comme l'idéal sans lequel elles ne pourraient pas être satisfaites. Ce qu'il lui demande c'est de diriger et de soutenir son activité, mais non point d'envahir cette activité au point de s'y substituer et de la rendre inutile.

Autrement nous redevenons une partie de la nature : et si Dieu pénètre la nature entière et agit partout en elle et avec elle, en quoi l'action de Dieu se distingue-t-elle de l'action de la nature elle-même ? C'est la même force qui se ramifie à travers les manifestations les plus complexes et les plus élémentaires de la vie. Elle a beau dans chacune d'elles paraître s'individualiser, c'est par un élan indivisible qu'elle les produit toutes à la fois. Et ce qui montre bien que le panthéisme penche toujours vers le naturalisme, c'est que le Dieu du théisme est, si l'on peut dire, le Dieu de la conscience, de telle sorte que le rapport qui s'établit entre lui et nous est un dialogue de conscience à conscience ou de personne à personne, au lieu que le Dieu du panthéisme abolit l'indépendance des consciences particulières et ne trouve par conséquent en elles aucune réponse. Alors, par un étrange paradoxe, la conscience devient en nous le signe même de notre imperfection : elle n'est possible que par notre limitation, par notre division avec nous-même et par le temps, où se réalisent tous ses progrès. Mais le Dieu du panthéisme sera au delà de la conscience, ce qui veut dire qu'il est étranger à la conscience et qu'il n'est rien de plus que la Nature elle-même.

Dès lors on comprend la destinée singulière du panthéisme au cours de l'histoire de la pensée et l'accueil ambigu qu'on lui réserve presque toujours. Il n'est pas sûr que mainte conscience ne se sente portée vers le panthéisme par une sorte de tendresse cachée, sans vouloir courir le risque pourtant d'affirmer, comme le panthéisme l'exige, que la destinée de l'individu et celle du Tout se trouvent engagées d'un seul coup et une fois pour toutes. Mais comme on a dit qu'on ne pouvait pas être philosophe sans avoir au moins traversé l'idéalisme, ainsi on dira qu'on ne peut pas l'être non plus si on n'a pas mesuré une fois l'abîme du panthéisme. Car dans le panthéisme l'esprit humain tire sa force de sa faiblesse même. Il abdique son indépendance, mais pour élever jusqu'à l'absolu cette activité qui est en lui, bien qu'elle cesse de lui appartenir. Il éprouve une satisfaction à vaincre son isolement, à voir cette doctrine tantôt, sous sa forme intellectualiste, lui donner dans l'idée une participation à la pensée créatrice, tantôt, sous sa forme romantique, lui permettre de réaliser une communion avec la nature entière.

Mais le panthéisme suscite en même temps dans notre conscience une méfiance incoercible. On peut céder un moment, comme à une sorte d'ivresse, à cette pensée qui recule nos limites de manière à nous égaler au Tout, mais on se demande ensuite si c'est pour nous enrichir ou pour nous abolir. On sent bien que l'union avec Dieu, pour qu'elle demeure réelle, doit fonder notre vie personnelle, au lieu de la dissoudre, et que s'il en était autrement le moi serait absorbé, non seulement par une force qui le dépasse, mais encore par une force anonyme qui s'exercerait en nous sans nous et qui ne serait plus un Dieu véritable. *L'union avec Dieu* n'est réelle que si elle exclut *l'unité avec Dieu* qui anéantit à la fois moi-même et Dieu. Ainsi le panthéisme n'est accueilli avec faveur que par ceux qui se réjouissent de le voir aboutir à une philosophie de la nature. Ses adversaires lui préfèrent l'athéisme parce qu'il combat à visage découvert. Tous ceux qui cherchent en Dieu la source où s'alimente la vie spirituelle doivent se défendre contre cette sorte de tentation qui, pour tout donner à Dieu, effacerait toute séparation réelle et par conséquent toute communication vivante entre lui et nous. Ils doivent craindre peut-être de mériter le reproche de panthéisme. Mais il faut que les autres craignent aussi d'en user trop vite. Car c'est un reproche : et les philosophes que l'on nomme panthéistes tiennent ce nom de leurs ennemis, mais le récusent presque toujours. On dit qu'ils sont tombés dans le panthéisme, et c'est le signe sans doute que leurs intentions étaient autres. Il ne faut pas les confondre avec ceux qui s'accommodaient de réduire Dieu à la loi du Tout, dont chaque partie doit dépendre invinciblement.

*

C'est le problème des rapports entre le panthéisme et le théisme, c'est le souci de montrer l'insuffisance du panthéisme et de justifier le théisme qui dominent le petit livre que M. Lachièze-Rey vient de faire paraître sous ce beau titre : *le Moi, le monde et Dieu*. L'ouvrage est la reproduction d'une série de leçons professées à la faculté des lettres de Toulouse. Il contient deux parties : la première est destinée d'abord à introduire notre pensée dans la perspective de l'idéalisme, c'est-à-dire à établir que les objets qui nous entourent ne sont pas des choses qui existent hors de nous et indépendamment de leurs rapports avec nous, mais des représentations qui n'ont de réalité que pour notre conscience et dans l'acte même par lequel la conscience les appréhende. Ensuite l'auteur, qui est un des meilleurs interprètes de la pensée kantienne, explique le rôle de l'esprit dans la constitution de l'expérience. Le moi est pour lui, comme pour Kant, une activité constructive qui assujettit les sensations à nous apparaître dans les formes de l'espace et du temps et à satisfaire la double exigence de permanence et de causalité qui est au fond de notre pensée, et sans laquelle il lui serait impossible de faire du monde un système et de le dominer. Dans la deuxième partie M. Lachièze-Rey, protestant contre une interprétation panthéistique que l'on pourrait donner d'une telle conception en voyant dans cette construction du monde l'œuvre d'un esprit impersonnel plutôt que l'œuvre propre du moi, oriente sa recherche vers certains besoins plus profonds de la conscience, qui nous découvrent l'insuffisance de ce monde de l'expérience, et nous obligent à le dépasser pour trouver au delà un autre monde gouverné par une loi d'amour, dont le monde de l'expérience semble avoir pour rôle de nous préparer l'accès. Bien que cette deuxième partie soit beaucoup moins élaborée que l'autre, que son aspect polémique l'emporte sur son aspect positif et qu'elle ne soit sans doute qu'une esquisse qui, nous l'espérons, sera reprise quelque jour, nous ne pouvons nous empêcher de nous demander comment elle s'articule avec la première partie. Car de l'unité qui les lie dépend l'unité de la philosophie elle-même.

Du monde dans lequel nous vivons on ne peut pas dire en effet qu'il réponde pleinement aux vœux de notre esprit. En un sens il leur fait obstacle et en un sens il leur donne une satisfaction imparfaite et, pour ainsi dire, symbolique. Aussi les hommes, malgré l'attachement instinctif qu'ils éprouvent pour lui, ont-ils aspiré souvent à s'en délivrer. Ils rêvent d'un « monde meilleur » qui serait transcendant au seul monde qu'ils connaissent et dans lequel la mort leur permettrait de pénétrer. Mais pour que ce monde ne soit pas un monde de rêve, il faut que le monde où nous sommes nous découvre les conditions mêmes qui lui permettent de se réaliser. M. Lachièze-Rey voit bien les avantages que présente à cet égard l'idéalisme kantien. Car, en plaçant l'expérience tout entière sous la domination de l'esprit, il nous oblige à la considérer non pas seulement comme une sorte d'ouvrage gratuit dans lequel l'esprit ferait l'épreuve de sa puissance, mais comme une des étapes par lesquelles il devient capable d'accomplir sa propre destinée. Or le cœur même du problème philosophique a toujours été de déterminer quel est l'ordre de solidarité qui unit le monde de la connaissance, ou monde des phénomènes, au monde de la volonté ou de la moralité, le monde de la causalité physique au monde de l'amour, et le monde du fait au monde de la valeur.

S'il y a une vérité qui semble première et évidente à la conscience populaire, c'est que je fais moi-même partie d'un monde qui m'enveloppe et qui me dépasse. Et cette affirmation elle-même est incontestable dans la mesure où le moi est un être empirique inséparable d'un corps, d'un lieu et d'un temps qui le placent au carrefour de toutes les influences qui s'exercent sur lui et proviennent de tous les points de l'univers. Mais ce monde est aussi contenu dans ma conscience qui se le représente et sans laquelle il serait pour nous comme s'il n'était rien. Et M. Lachièze-Rey rappelle le texte célèbre de Pascal : « Par l'espace l'univers me comprend et m'engloutit comme un point ; par la pensée je le comprends », où le double sens du mot comprendre nous montre si bien comment l'esprit possède autant d'ascendant sur la totalité du monde que la totalité du monde en possède sur notre propre corps. Et il cite encore le texte de Berkeley qui va dans le même sens : « Ce n'est pas l'âme qui est dans le monde, mais le monde qui est dans l'âme. » Or, ce monde ne peut tenir dans notre conscience comme un contenant dans un contenu, mais seulement comme une représentation inséparable de l'acte qui la soutient et qui la construit. Mais cette construction elle-même ne peut se réaliser que selon une loi. Et le propre d'une loi, c'est d'exprimer une possibilité qui se répète toujours. On ne peut donc pas la situer elle-même dans l'espace et dans le temps, pas plus que le moi qui la prescrit. Elle est elle-même éternelle, comme le moi législateur : « car la conscience d'une loi et la conscience de l'éternité ne font qu'un ».

Quelles conséquences tirera-t-on de semblables prémisses ? Le danger d'une interprétation panthéistique ne cesse d'être présent à la pensée de M. Lachièze-Rey : il a toujours Spinoza devant les yeux. Il ne veut pas que l'on considère comme la loi selon laquelle l'Etre total se déploie la loi selon laquelle notre entendement réussit à le penser. Et il montrerait quelque défiance sans doute à l'égard d'une doctrine comme celle de Malebranche, pour qui c'est la même lumière, et une lumière qui vient de plus haut qu'eux-mêmes, qui éclaire tous les esprits. Il décèle une ambiguïté dans ce terme « la même » dont nous nous servons si souvent : tous les esprits ont en effet les mêmes exigences qui se répètent en chacun d'eux, sans que l'on puisse dire pourtant qu'il y ait une vérité identique et commune à laquelle ils participeraient et dont ils seraient en quelque sorte les interprètes. Ainsi, il reste fidèle à l'inspiration et presque à la lettre du kantisme. Il montre que le moi a une structure que l'analyse de l'expérience nous permet de retrouver, mais qu'il ne peut être question de déduire parce qu'elle est contingente et que son origine nous échappe. Du moins marque-t-il avec une force que nous ne saurions trop louer cette éternité qui lui appartient et qui nous interdit de l'assujettir lui-même au temps auquel il assujettit tous les objets de sa pensée. Et nous pensons comme lui que les lois de la connaissance sont les lois caractéristiques de notre esprit et non point les lois mêmes de l'Etre. Seulement, pouvons-nous dire qu'elles sont contingentes ? Ne sont-elles pas les instruments qui permettent précisément à notre esprit d'être un esprit fini, c'est-à-dire, sans se détacher jamais de l'esprit infini où il s'alimente, de construire, par une série de démarches réglées, un monde destiné précisément à remplir tout l'intervalle qui les sépare ? Ainsi, la correspondance entre les opérations de l'entendement et les données des sens cesserait d'être pour nous un mystère ; et il n'y aurait plus d'inconvénient à considérer celles-ci comme des expressions de notre limitation, c'est-à-dire à la fois comme une matière à laquelle celles-là s'appliquent et dont elles ne peuvent se passer, et comme une réponse que le réel leur adresse, qui les *réalise* et les achève.

M. Lachièze-Rey a tout à fait raison de montrer comment, en donnant au moi une initiative originale dans la constitution de l'expérience, on commence à assurer sa libération spirituelle. Mais il a raison de ne pas vouloir que ce soit là le but suprême de l'esprit, comme le font ceux qui pensent que le type le plus pur de son activité réside dans l'édification du monde des mathématiques ou de la physique théorique. C'est là un idéal qui ne peut nous contenter : car dans l'exercice indéfini de sa puissance constructive, l'esprit, qui cherche à égaler le Tout, ne réussit ni à rompre sa solitude, ni à se délivrer lui-même de l'ennui. Il a raison aussi de ne pas vouloir que l'on considère le rapport qui existe entre la pensée en soi et les différents êtres qui peuvent dire *moi* comme identique à celui qui existe entre chaque moi et ses propres idées : et ce rapprochement lui paraît exprimer assez bien l'essence du panthéisme. Mais un tel rapprochement n'a jamais été sans doute qu'une métaphore. Car une idée n'a de connexion avec une autre idée que par un acte de pensée qui les domine l'une et l'autre. Au lieu qu'un moi ne peut s'unir à un autre moi que par un acte personnel qui est un acte d'amour. Mais combien cette union apparaîtrait-elle comme plus facile si le monde de la connaissance pouvait être considéré non plus comme une construction du moi séparé et le produit original de son activité constitutive, mais comme un moyen de communiquer avec le moi des autres et avec le principe même qui donne à tous à la fois l'être et la vie. Le théisme y gagnerait au lieu d'y perdre. Le monde continuerait à être l'ouvrage de notre pensée, mais qui serait elle-même au confluent d'une activité plus haute qui l'anime et d'une donnée toujours offerte qui la supporte : il pourrait servir à séparer les êtres les uns des autres dès qu'ils prétendent qu'il leur suffit, comme on le voit chez l'égoïste, le matérialiste ou l'athée, mais il servirait à unir tous ceux qui ont en effet assez d'amour pour reconnaître en lui un langage qui reste toujours à la mesure de ceux qui le parlent, mais qu'il faut traverser et dépasser pour qu'il devienne le moyen par lequel tous les esprits communient.

8 février 1939.

Chapitre V
ORMUZD ET AHRIMAN

Il y a au fond de toute conscience un besoin de bonheur qui n'est jamais assouvi. Mais les hommes sont unis si étroitement que, de ce bonheur même, nul ne pourrait jouir isolément. Etre bon, c'est le vouloir aussi pour les autres. Et la justice est pour nous une certaine proportion qui s'établit entre le bonheur et la bonté, et qui fait que l'homme qui contribue le plus au bonheur d'autrui est en même temps le plus heureux. Qu'une telle rencontre se produise, il semble qu'un reflet divin vienne illuminer notre monde : mais cela est si rare, et pourtant c'est là une exigence si profonde de notre âme, que Kant lui-même nous demande de croire en Dieu pour ne point renoncer à penser qu'elle sera remplie un jour.

C'est donc que notre monde ne cesse de la démentir : il broie par la souffrance l'homme qui ne désire que d'être heureux ; il nous montre à l'œuvre une méchanceté qui se nourrit de cette souffrance et cherche partout à l'accroître ; et par une sorte de dérision de ce vœu de justice, qui est celui de l'humanité au cours de toute son histoire, il arrive qu'il accable l'homme de bien, comme pour éprouver sa foi dans la vertu, et qu'il favorise les desseins de l'égoïste, comme pour les justifier et les proposer en exemple. Cette pensée vient alors à l'esprit, non seulement que Dieu est absent du monde, mais qu'il y a dans le monde une puissance qui ne cesse de le combattre, qui a le mal pour séjour, qui se complaît dans la douleur et dans la haine, et qui cherche partout le triomphe de la destruction et de la mort. Une telle conception, qui se heurte à de graves difficultés théoriques, invoque en sa faveur le témoignage de l'expérience la plus commune, celui de notre propre vie, celui de l'histoire, celui que la nature et la société ne cessent de nous offrir : si nous voulons que le monde dépende de Dieu seul, le mal qui y règne suffit à nous jeter dans l'athéisme ; mais si le mal est tout-puissant, la lumière de la conscience s'éteint, la volonté et l'amour défaillent et nous sommes acculés au désespoir. Aussi beaucoup d'hommes adhèrent-ils obscurément à ce vieux dualisme de l'Avesta personnifié par les noms d'Ormuzd et d'Ahriman, qui faisait de l'univers le théâtre d'une lutte entre deux puissances, une puissance bienfaisante et une puissance malfaisante, qui en nous et autour de nous l'emportent tour à tour.

Ce thème présente toujours pour nous la même actualité, si l'on en juge par l'ouvrage que M. Wilfred Monod vient de consacrer au *Problème du bien* et par lequel il se propose de l'incorporer, au moins d'une certaine manière, à l'interprétation du christianisme. Le livre de M. Monod a pour sous-titre : « Essai d'une théodicée et journal d'un pasteur ». C'est une somme, non point une somme dogmatique dans laquelle les rapports de Dieu et du monde seraient examinés d'une manière systématique, mais une somme d'expériences personnelles, et, pour ainsi dire, la somme d'une vie. Elle est formée d'une suite de méditations recueillies au jour le jour et groupées autour d'un certain nombre de titres généraux : l'auteur nous fait part de tous les mouvements de sa pensée, des difficultés que rencontre sa foi et par lesquelles elle s'éprouve, des effusions auxquelles elle s'abandonne, des réflexions que lui suggèrent ses lectures, des lettres que son ministère pastoral l'oblige à recevoir ou à écrire, des faits divers qui retiennent son attention, et dans lesquels semble éclater une absence désolante de Dieu qui produit aussitôt dans l'âme un appel à sa présence rédemptrice. Ainsi l'ouvrage s'est enflé presque démesurément : il compte trois volumes et près de trois mille pages ; il fallait le loisir des vacances pour le lire jusqu'au bout. Du moins le lecteur a-t-il gagné d'avoir vécu en familiarité pendant tout ce temps avec une pensée sincère, ardente, anxieuse, qui reconnaît avec une extrême humilité le mystère de notre origine, mais sans laisser ébranler en elle la certitude de notre vocation spirituelle. Et le meilleur effet que l'on peut attendre d'un livre est obtenu, qui est d'inviter le lecteur à réaliser pour lui-même et au fond même de sa conscience la même méditation que l'auteur.

*

L'axe du livre consiste dans un conflit entre deux conceptions opposées de la divinité : l'une qui fait de Dieu un être souverainement puissant, « créateur du ciel et de la terre », de tous les êtres et de tous les événements, et sans la permission de qui aucun cheveu ne tombera de notre tête ; et l'autre qui fait de Dieu un être souverainement bon, un Père qui nous console quand nous souffrons, qui nous soutient, qui nous pardonne, qui relève notre courage quand nous sommes prêts à succomber, et que nous sentons à côté de nous dans tous les combats que nous livrons contre le mal et l'adversité. Mais ces deux conceptions ne sont pas compatibles. Car si Dieu est tout-puissant, la création devient pour nous un scandale horrible où l'injustice et la cruauté ne cessent de crier vengeance. Et si Dieu est le Bien suprême, il lutte avec nous, mais est vaincu aussi avec nous ; dans la nature et dans l'histoire, nous ne cessons d'assister au spectacle de ses échecs et de ses défaites. Or il est impossible d'affirmer à la fois de Dieu qu'il est une puissance infinie et un amour infini. Entre les deux, il faut choisir : c'est être aveugle ou insensible devant les maux qui remplissent le monde que de ne pas ressentir avec angoisse l'évidence de ce dilemme, à savoir : ou bien que Dieu ne les a pas voulus, mais qu'il n'a pu les empêcher ; ou bien qu'il l'aurait pu, mais qu'il ne l'a pas voulu.

M. Wilfred Monod ne veut pas d'un Dieu que l'on puisse confondre avec la Nature. Il n'est pas un des adorateurs du grand Pan. Il est aux antipodes de Spinoza et de Hegel. Le cosmos lui donne une sorte d'effroi. Ni l'immensité du désert astronomique ni l'inertie muette de la matière n'inclinent son cœur vers Dieu : il regarde l'abîme obscur de la préhistoire, l'infinité des souffrances du monde animal, et cette jungle du monde vivant qui ne subsiste qu'à condition que tous les êtres s'entre-dévorent. Dans cette exploration douloureuse dont « il a d'avance la gorge serrée », il ne trouve qu'une absence terrifiante de Dieu. C'est par une sorte de défi que le rédacteur de *la Genèse* a pu dire du Créateur au terme des six jours : « Il regarda vers son œuvre et vit qu'elle était bonne. » C'est qu'il faut chercher Dieu dans la conscience et non point dans le monde. Dieu est esprit et non point nature.

Deus, sive natura, disait Hobbes, à qui Spinoza reste fidèle. Tel est, selon M. Monod, le véritable athéisme. Celui qui croit en Dieu, c'est précisément celui qui refuse de le trouver dans ce qui est, qui, au lieu de ratifier la création, ne songe qu'à la réparer, à redresser ses déviations. C'est celui qui oppose la valeur à l'existence. La présence invisible de Dieu dans l'âme est une protestation contre son absence dans le monde visible. L'esprit ne se distingue de la matière que parce qu'il refuse de subir sa loi. Il est pour nous une seconde naissance qui annule notre naissance selon la chair. Ainsi la possibilité de nier le Dieu de la nature est la preuve de l'existence du Dieu véritable. Nous n'invoquons pas Dieu pour expliquer le monde, mais pour le changer. Dieu est toujours un « surplus, un au-delà, un ailleurs, un toujours plus loin, un toujours plus haut ». Il ne faut pas s'étonner qu'il paraisse toujours vaincu. Mais M. Monod nous confie que c'est ce Dieu vaincu, ce Dieu souffrant qui parle à son cœur ; c'est sa défaite qui fait de son règne un règne spirituel et qui le rend invincible.

*

Ce dualisme peut-il être surmonté ? Il est sans doute le témoignage de notre ignorance. Il fait du monde où nous vivons un mystère traversé seulement de quelques rayons de lumière. C'est un spectacle qui, selon le mot de Pascal, doit comporter assez de ténèbres pour justifier le doute, assez de lumière pour alimenter la foi. Le mal et le bien y sont mélangés comme le froment et l'ivraie, afin d'être triés. Dès lors, le propre de l'esprit, c'est d'orienter la nature, de la dominer, de la combattre et de la transfigurer : mais nous découvrons déjà en elle des signes qui annoncent son avènement ; ils sont pour nous un guide et un soutien. La nature n'est pas seulement un champ de carnage : elle nous montre souvent une beauté harmonieuse et tranquille qui semble le visage même de l'esprit. Le pauvre d'Assise en faisait jaillir une bonté cachée : il enveloppait toutes les créatures, les plus humbles et les plus cruelles, et même les objets inanimés, dans la même fraternité. Il ne maudissait point la création : mais il la considérait avec un regard si pur et si doux qu'elle était déjà pénétrée par la rédemption.

Ces observations pourtant ne suffisent pas à expliquer la présence du Mal dans le monde. Est-il vrai que Dieu ne se découvre à nous que dans la lutte contre le Mal ? Et le Créateur n'est-il qu'un méchant démon ou un démiurge impuissant dont l'œuvre mauvaise ou manquée doit être rachetée par le Dieu véritable ? La pensée essentielle de M. Monod, c'est que Dieu ne doit pas être défini comme la cause du monde que nous voyons, mais comme une source de bonté et d'amour qui jaillit au fond de notre conscience et que l'égoïsme de la vie individuelle ne cesse d'obstruer. Dès lors, ce n'est pas le Dieu qui se montre dans le monde qu'il faut retrouver dans la conscience, mais le Dieu qui se montre dans la conscience qu'il faut essayer de retrouver dans le monde, malgré le double scandale de la douleur et du péché. Comment y parvenir ? Aura-t-on recours au dogme de la chute ? Mais M. Monod ne semble pas disposé à accepter que la créature s'accuse elle-même pour disculper le Créateur. Dira-t-on que la chute est seulement le témoignage de notre liberté, et que cette liberté, en s'exerçant chaque jour, la reproduit aussi chaque jour ? Mais alors quelle est cette liberté qui ne peut manquer de faillir ? N'aurait-il pas mieux valu qu'elle nous fût refusée ? En vertu de quelle séduction diabolique choisit-elle le mal, quand le bien lui est offert ? Enfin n'y a-t-il pas une inconcevable dureté à rejeter sur la faute qu'elle commet toutes les souffrances qui remplissent le monde ?

De telles difficultés n'ont point échappé à M. Monod, qui les juge assez graves pour ne point vouloir trouver dans la simple affirmation de la liberté la solution du problème du mal. Pourtant c'est, semble-t-il, le seul parti qui nous reste si nous ne voulons pas laisser aux prises Ormuzd et Ahriman dans un combat dont la foi seule pourrait nous montrer l'issue. On ne peut concevoir un Créateur qui appelle à l'existence un univers semblable à l'ouvrage d'un artisan : ce serait là l'anthropomorphisme le plus naïf. Dieu ne peut créer que des libertés, c'est-à-dire des êtres qu'il appelle eux-mêmes à se faire par une sorte de don de lui-même, c'est-à-dire de la puissance par laquelle il se fait lui-même éternellement. Cette création peut être regardée comme un acte de bonté souveraine, s'il est vrai qu'il n'y a point d'homme qui n'aime l'être et la vie, bien qu'il ne cesse de gémir de toutes les misères qui les accompagnent et qui les limitent. Et le premier de tous les biens est pour lui la liberté, sans laquelle il serait une chose et non point un être, et dont il ne dispose que dans l'inviolable secret du consentement pur.

Dès lors, avant de faire le procès du monde tel qu'il est, il faut se demander si nous pourrions concevoir et accepter un bonheur qui nous serait imposé, une vertu dont nous ne pourrions pas déchoir. Réduire ainsi le bonheur et la vertu à des états nécessaires auxquels nul ne saurait échapper, ce serait les abolir. Si la vie de l'esprit c'est la liberté, elle est aussi un risque à courir : elle suppose la possibilité de souffrir sans laquelle nous n'éprouverions aucune joie, et la possibilité de faire le mal sans laquelle le bien même nous serait inconnu. Bien plus, la sensibilité d'un être fini comporte toujours des oscillations entre la joie et la douleur, et même une sorte de mélange de l'une et de l'autre ; et la volonté est toujours sollicitée tantôt vers le mal et tantôt vers le bien, et s'incline toujours selon une direction où ils se composent de quelque manière.

Ce n'est point là résoudre le problème. Car la douleur est subie ; mais le mal est choisi. Quelle est donc la raison de ce choix ? Entre ce choix et la douleur y a-t-il quelque mystérieuse relation ? On cherchera à s'en tirer en alléguant que demander des raisons d'un libre choix, c'est abolir cette liberté en même temps qu'on la pose. Et pourtant nous sentons en nous le va-et-vient incessant de cette liberté qui tantôt s'abandonne au mouvement infini qu'elle porte en elle, et tantôt le suspend pour retenir quelque bien particulier qu'elle craint de lui voir échapper ; qui tantôt cherche à jouir de son indépendance et, dès qu'elle rencontre un obstacle sur son chemin, cède à l'ivresse de la révolte et de la destruction, tantôt au contraire semble se quitter elle-même dans une sorte de sympathie et de communion avec tout ce qui est. L'intelligence n'est pas capable sans doute de justifier l'option entre ces deux démarches : car si elle expliquait l'une, elle anéantirait la possibilité de l'autre. Mais le propre de la conscience, c'est précisément de nous livrer la réalité de cet acte intérieur qui est notre âme elle-même, qu'il est impossible de saisir et de fixer, mais qui fait éclater dans le monde la présence du bien et du mal selon le choix qu'elle fait, sans qu'il soit nécessaire pour expliquer ce choix d'avoir recours soit à l'impuissance du Créateur, soit à la malice du démon.

M. Wilfred Monod sait bien que c'est la liberté qui nous mène vers ce dernier réduit de l'intimité où la personne se constitue par un acte que nul n'accomplira à sa place, qui est pour elle un premier commencement et par lequel se nouent toutes ses relations avec le monde et avec Dieu. Ici le bien et le mal cessent d'être des choses et même des idées : ils sont connus en même temps qu'ils sont engendrés et par la même expérience spirituelle. Cependant cette liberté n'est pas une liberté pure : elle n'empêche pas que nous soyons placés dans le monde et que ce monde ne soit le théâtre de la souffrance, de la guerre, de l'injustice et de la mort. Mais il y a peut-être entre les lois du monde matériel et les lois du monde moral une harmonie qui nous demeure inconnue et qui parfois semble se révéler à nous dans un éclair. Seulement elle est plus subtile qu'on ne pense. Ce n'est pas diminuer la puissance divine que de dire que tout l'édifice de l'univers est une condition pour l'avènement de la conscience. Et M. Wilfred Monod semble y consentir en affirmant que « la naissance d'une seule personnalité spirituelle justifierait l'existence de la nature entière ». Dès lors, on peut se demander si la douleur n'est pas un ingrédient qui est nécessaire à la formation de la personnalité elle-même. Car elle nous fait toucher du doigt le point le plus profond de l'existence, le point où la vie nous demande encore notre consentement au moment même où elle nous déchire. Il y a une relation presque miraculeuse entre la perfection de l'amour et la perfection de la souffrance : ceux qui souffrent le plus sont parfois ceux qui aiment le plus et qui sont le plus aimés ; et s'il y a une réversibilité des mérites, on peut penser qu'il n'y a point de souffrance inutile. Il est peut-être vain de vouloir expliquer la douleur par la cause qui la produit : il faut chercher sa raison dans la transformation spirituelle qu'elle doit subir un jour. On ne rejettera donc pas trop vite des observations qui vont aussi loin que celle-ci : à savoir que ceux qui sont les plus frappés sont souvent aussi ceux qui ont le plus de grâces, et que la suprême bonté de Dieu s'exprime par la douleur consolée.

M. Wilfred Monod s'étonne que « les gens sur le trottoir semblent trouver leur présence ici-bas toute simple ». Il ne peut pas détacher son regard du mal qui règne dans la nature et dans l'histoire : il éprouve un sentiment d'horreur pour ces mots si durs par lesquels Calvin refuse de trouver dans le mal la moindre atteinte à la toute-puissance divine : « D'où vient la puanteur de la charogne, après qu'elle est ouverte et pourrie ? Chacun voit que cela vient des rayons du soleil, et toutefois nul ne dira qu'ils puent. » Il a besoin d'un Dieu présent au cœur, qui parle à chaque être par son nom, qui porte avec lui ses tribulations, qui le délivre de la nature bien qu'elle lui soit peut-être nécessaire pour qu'il la transfigure. Il n'abandonne jamais l'expérience spirituelle, et demande que nous fassions appel à l'expérience du Christ qui est l'expérience humaine la plus pure : or, le Dieu qu'il nous révèle est à la fois esprit et inspiration, c'est-à-dire perpétuel dépassement du monde qui nous est donné. M. Monod cite à plusieurs reprises avec complaisance deux textes, dont il est impossible de méconnaître l'étroite parenté : l'un, de M. Bergson : « L'esprit est une force qui peut tirer d'elle-même plus qu'elle ne contient, rendre plus qu'elle ne reçoit, donner plus qu'elle n'a » ; l'autre, de Vinet : « Respectons le moment si bien nommé de l'inspiration où l'homme dit plus qu'il ne sait, où il fait plus qu'il ne peut, où il devient plus qu'il n'est. » Ils montrent que le bien ne peut pas être dans le monde, puisqu'il est une victoire que l'on obtient en le surmontant : mais le monde était le premier degré de cette ascension.

2 octobre 1935.

Chapitre VI
LA RAISON ET LA FOI AU MOYEN AGE

On ne saurait nier le regain de faveur dont la philosophie du moyen âge est devenue l'objet depuis la guerre. A la fin du dix-neuvième siècle on s'accordait à penser qu'il y avait là, sinon, comme certains le disaient, une période de ténèbres interrompue à la Renaissance par le réveil d'une lumière ensevelie depuis l'antiquité, du moins une sorte d'asservissement de l'esprit aux règles d'une scolastique formelle et à l'autorité d'une vérité révélée. Et c'était la gloire de Descartes d'avoir délivré l'esprit de ces chaînes et de lui avoir rendu son autonomie. La connaissance, après avoir été un enseignement reçu du dehors, devenait maintenant le pur ouvrage de la réflexion : la théologie qui était une spéculation sur la foi ne tenait plus lieu de science ; elle reculait sans cesse devant celle-ci ; et il y avait désormais un corps de vérités que les hommes n'étaient obligés d'accepter que parce qu'ils étaient capables de les prouver.

Les études historiques sur le moyen âge se sont multipliées depuis une trentaine d'années sous l'influence surtout de Bauemker en Allemagne et en France de M. Etienne Gilson. Mais si elles répondent à un goût du public philosophique, ce n'est point seulement parce qu'elles lui permettent de satisfaire une curiosité érudite, c'est parce qu'elles placent toujours la conscience en présence de ce grand objet que constitue pour elle le problème de sa destinée. La pensée, pour un homme du moyen âge, est une relation vivante du moi et de Dieu : elle se réalise à travers le monde qui les sépare et qui pourtant les unit. Ce monde n'est pas seulement, comme dans le positivisme, une suite de phénomènes dont j'essaie de surprendre le mécanisme afin de le faire servir à l'accroissement de ma puissance : il est chargé de signification spirituelle ; il est le témoin et le véhicule de la vie même de mon âme.

On n'évoque pas aujourd'hui cet immense moyen âge — qui nous semble plein d'une grandeur à la fois mystique et temporelle, qui a édifié Notre-Dame et le système de saint Thomas, les communes et l'Université, qui ignore notre science et qui prétend recevoir du Ciel sa lumière, mais toujours à travers des institutions qui la filtrent et la distribuent — sans éprouver un sentiment mêlé d'admiration et d'effroi. Admiration devant cette puissance constructive que nous avons perdue, effroi devant tant de contraintes qu'il semble imposer à notre liberté. De là l'émotion provoquée par cette hypothèse que le vingtième siècle pourrait revoir l'avènement d'un nouveau moyen âge, où les uns cherchent l'espérance d'un renouveau spirituel capable de subordonner et de discipliner toutes les connaissances du monde matériel et toutes les inventions de la technique, où les autres craignent le naufrage de ces droits de la raison et de cette liberté de la personne que l'humanité n'est parvenue à conquérir qu'au prix de tant d'épreuves et de tant de courage.

On ne peut être que reconnaissant à M. Emile Bréhier de nous avoir donné une somme de cette philosophie à la fois si vaste et si mal connue [1]. Rien n'était plus difficile que d'embrasser dans l'unité d'un même regard cette immense matière. Il y fallait non pas seulement une lecture extraordinairement étendue, mais encore la connaissance la plus éprouvée des philosophes anciens, dont la pensée à travers d'innombrables traductions et d'innombrables commentaires que l'on ne cessa jamais de refaire, a pénétré les plus grands systèmes, toujours transformée, déformée, mutilée, prolongée, de manière à s'accorder avec les dogmes de l'Église, à paraître les soutenir ou les requérir. L'alliance de la spéculation hellénique et de la foi chrétienne est une méthode commune à tous ces philosophes ; et pourtant on rencontre parmi eux les courants les plus différents, aussi différents sans doute que ceux qui opposent entre eux les philosophes contemporains, qui à leur tour ne cherchent appui que dans la raison et dans les succès de la science. Mais chez les uns et chez les autres ces courants se réduisent peut-être à deux qui caractérisent les deux démarches inséparables de toute pensée : l'une qui remonte du spectacle que les choses nous donnent aux principes dont elles dépendent, l'autre qui cherche dans l'acte même de l'esprit les conditions de sa propre existence et de l'existence de tout ce qui est. C'est au point où elles se rencontrent que le réel nous devient véritablement présent. Mais nul penseur ne réalise entre elles un parfait équilibre : il incline toujours vers l'une ou vers l'autre. Il se sent toujours plus parent de saint Thomas ou plus parent de saint Anselme. Et de chaque philosophe contemporain il serait facile de reconnaître où le mènent ses préférences.

M. Bréhier démêle avec beaucoup de dextérité tous les fils qui se croisent dans un écheveau si embrouillé de tendances et d'influences tantôt voisines et tantôt contraires. Le moyen âge, en essayant de conjuguer les thèmes de la philosophie grecque avec les dogmes de l'Ecriture, soumet en apparence la pensée à un double

---

[1] Emile BRÉHIER : *La Philosophie du Moyen-Age* (Albin Michel, collection l'Évolution de l'humanité).

esclavage. Mais l'effort même qu'il fait pour les accorder est un effort héroïque de libération. Car il est inévitable que de ce rapprochement entre des affirmations d'origine si différente, on voie se dégager par degrés certaines exigences de la conscience qui leur sont communes et qu'il appartient à la raison d'assumer et de justifier. L'étude du moyen âge est pour nous singulièrement instructive. Elle nous permet de mesurer à la fois nos gains et nos pertes : elle nous invite à défendre les uns et à réparer les autres. Elle nous montre le prix incomparable de l'indépendance de la pensée, et de cette méthode même de la science qui est le principe d'un accord entre tous les hommes ; mais elle nous rappelle aussi qu'il existe un lien entre toutes les puissances de la conscience, qu'il ne faut point laisser entamer son unité ou sa totalité, ni oublier la place du moi dans l'univers et la signification de sa destinée, ni imaginer que le sensible épuise jamais tout le rationnel, ou que le rationnel épuise jamais tout le spirituel.

Quand on considère toutes les œuvres de pensée que le moyen âge a produites, on admire la prodigieuse activité intellectuelle qui régnait alors dans tous ces centres de culture que furent les grandes abbayes de Saint-Martin de Tours, de Corbie, de Cluny, de Saint-Gall ou de Fulda. On s'étonne de cette méditation si assidue sur les livres des anciens où, contrairement à nos méthodes, on se souciait beaucoup moins de la fidélité de l'interprétation historique que de la vérité spirituelle que l'on pouvait découvrir par leur moyen. Ces infatigables commentateurs cherchent toujours derrière le moindre texte un sens profond qui a pu échapper à son auteur. Abélard va jusqu'à dire que « les philosophes ont été, à la manière des prophètes, des inspirés qui ignoraient la portée de leurs paroles ». Il ne s'agit pour aucun d'eux d'inventer une philosophie nouvelle, mais d'exposer une philosophie déjà constituée qui n'a pas sa fin en elle-même et qui leur a rendu tous les services qu'ils réclament d'elle si elle leur a permis de penser leur foi. Et M. Bréhier dit lui-même que sans ce puissant motif jamais l'esprit occidental ne serait sans doute revenu à la philosophie. La religion fait alliance avec la philosophie, qui montre ce qu'il y a en elle de raisonnable ; cette alliance est pour elle une nécessité imprescriptible, mais elle est pleine de séduction et de danger : car la philosophie tend toujours à se suffire, et elle est alors le témoignage d'un orgueil diabolique.

*

Il ne peut pas être question d'interroger ici tous les docteurs du moyen âge pour chercher comment ils conçoivent les rapports de la Raison et de la Foi ; mais nous pouvons chercher comment ils ont été définis tour à tour au neuvième siècle par un Scot Erigène, au onzième par un saint Anselme, au treizième par un saint Thomas ; ces trois penseurs, qui sont les plus représentatifs de leur époque, sont aussi sans doute les plus fortes têtes de tout le moyen âge.

Voyez ce Jean Scot Erigène venu d'Ecosse à la cour de Charles le Chauve, et qui traduit les œuvres de Denys l'Aréopagite dont toute la mystique médiévale n'a cessé de subir l'imprégnation. Il trouvait chez Denys une union de l'immanence et de la transcendance, puisque Dieu qui est en tout est en même temps au-dessus de tout et que tous les êtres ne cessent de participer à son essence. C'est l'amour qui les unit à lui, mais sans qu'ils se confondent pourtant avec lui, comme les rayons qui restent distincts dans le même faisceau de lumière. Scot est un néo-platonicien chrétien qui sublime l'individu en Dieu, qui ne l'abolit point en lui. Mais il subordonne la raison à la foi et reprend le mot d'Isaïe : « *Nisi credideritis, non intelligetis.* » La raison doit toujours s'appliquer à l'Ecriture ; mais c'est elle qui en dégage le sens. Ce qui n'est pas toujours facile, car les sens de l'Ecriture sont aussi multiples que les couleurs de la queue du paon. Mais il ne doute pas que ce ne soit le sens rationnel qui soit le sens véritable, et l'on peut mesurer toute la hardiesse de ces formules : que « toute autorité qui n'est pas appuyée sur la raison paraît infirme ; que la vraie raison en s'appuyant sur sa propre vertu n'a besoin d'être confirmée par nulle autorité ; que nulle autorité ne doit détourner de ce que persuade la contemplation droite ».

Jean Scot n'a de regard que pour ce problème qui, selon M. Bréhier, est le problème fondamental du moyen âge : à savoir comment l'âme humaine qui vient de Dieu, où elle trouve son principe, retourne-t-elle vers Dieu, où elle trouve aussi sa fin ? Or, c'est entre cet aller et ce retour qu'elle fixe elle-même sa propre destinée. Et l'origine de ce double mouvement, c'est la Foi qui nous le découvre, puisque la génération du Fils, c'est indivisiblement l'acte par lequel le monde est créé et l'acte par lequel il est racheté. Pourtant ce double mouvement peut être considéré aussi comme l'expression d'une loi naturelle, d'une sorte de rythme compensateur, tel que celui que l'on trouve chez Plotin : car s'il est vrai que la disparition des causes anéantirait tous les effets, l'inverse est vrai aussi, la disparition des effets anéantirait les causes. Il faut donc que les effets subsistent avec les causes et par elles, et qu'au moment où ils paraissent s'en être le plus éloignés et semblent près de se dissiper, ils puissent remonter vers elles et par là être sauvés. On voit comment l'amour du Fils devient ainsi l'expression d'une nécessité inhérente à la nature même de l'Etre.

Saint Anselme est sans doute le génie métaphysique le plus pur du moyen âge. Il retrouve la formule d'Isaïe que l'on n'a pas l'intelligence si l'on n'a pas la foi. Mais il la renouvelle pourtant en nous montrant dans la foi une quête de l'intelligence : *fides quærens intellectum*. « Je crois, dit-il, pour comprendre. » Car la foi et l'intelligence sont également des dons de Dieu : « Ce que d'abord j'ai cru grâce à votre don, je le comprends maintenant grâce à votre lumière. » Cela ne veut pas dire naturellement que l'on accède à la foi par la raison, mais que l'on doit se plaire à l'intelligence de ce que l'on croit. On connaît la distinction classique entre la foi qui n'est qu'une espérance et une promesse, et la vision qui en est l'accomplissement, mais qui n'a de sens que pour les élus. Etait-il possible de mettre l'intelligence plus haut que ne le faisait saint Anselme lorsqu'il la considérait comme intermédiaire entre cette foi et cette vision ?

Mais la gloire de saint Anselme réside dans la découverte d'un argument qu'on devait appeler plus tard l'argument ontologique, qui a été repris par Descartes et critiqué par Kant, et dont on peut dire qu'il apparaît comme le fondement suprême de toute métaphysique ou comme le modèle de tous les sophismes, selon que l'on considère la pensée comme apte à nous faire pénétrer dans l'Absolu ou comme astreinte à demeurer toujours enfermée dans sa propre subjectivité. Nul n'est plus fidèle à l'esprit de saint Anselme que Descartes quand il dit que l'idée du fini et de l'imparfait suppose l'idée de l'infini et du parfait sans laquelle elle ne pourrait pas être posée. Mais peut-on faire correspondre à cette idée une existence et dire par conséquent que Dieu existe ? Saint Anselme donne à son argument une forme étrange, du moins en apparence, en faisant de l'Absolu l'être tel qu'il n'y en a pas de plus grand, ce qui veut dire évidemment le Tout hors duquel il n'y a rien : il faut donc qu'il existe nécessairement, du moins s'il y a quelque chose qui existe au monde, ne serait-ce que l'idée même que nous en avons. Et si chaque chose trouve en lui le principe de son existence, lui du moins ne le trouve qu'en lui-même. Mais, alors, nous sommes bien obligés de reconnaître ici le sens du mot de l'Apôtre qu'en lui nous avons l'être, le mouvement et la vie, dont toute philosophie doit être le développement et le commentaire.

On trouve ainsi chez saint Anselme le fondement spéculatif de cette conception qui caractérise tout le moyen âge : c'est que les choses sont la manifestation et la participation de l'essence divine, et que la considération des réalités sensibles n'est que le moyen de tourner notre âme vers la considération des réalités spirituelles. Le triomphe de l'influence aristotélicienne dans la philosophie thomiste introduit pourtant une autre conception des rapports de la raison et de la foi. M. Bréhier nous montre justement que dans l'aristotélisme la nature a sa signification par elle-même, qu'elle est un objet de contemplation distinct ayant ses lois propres. Aussi pour saint Thomas la philosophie n'est-elle plus une simple méditation sur la foi et pour ainsi dire un épisode de la théologie. Car la raison ne peut rien faire de plus que de remonter des effets aux causes : elle part de l'expérience, elle en tire par abstraction certaines connaissances intellectuelles que l'on ne peut pas identifier avec ces modèles éternels dont les choses sensibles étaient pour le platonicien les images imparfaites. C'est qu'entre notre être propre et l'être de Dieu il y a analogie et non point unité de nature. Notre intellect n'est qu'un intellect en puissance, qui en passant à l'acte nous donne la connaissance des choses matérielles, au lieu de nous faire participer à des essences incorporelles. La lumière qui l'éclaire vient sans doute de Dieu, mais Dieu n'est plus son premier objet dans lequel nous verrions tous les autres. Il doit bien toujours y avoir accord de la raison et de la foi ; mais la vocation de la raison n'est point de nous rendre la foi intelligible, elle est de se soumettre à son contrôle et, par la voie de l'abstraction, de l'induction et de l'analogie, de nous amener seulement à « quelque connaissance des choses spirituelles ».

Une telle prudence, un tel équilibre, cette alliance de l'expérience et de la raison, cette prérogative accordée à la foi qui laisse à la raison son domaine propre et lui demande tout à la fois de ne pas la contredire et de dessiner le chemin qui nous oblige à remonter vers elle, expliquent sans doute le succès officiel du thomisme dans l'Eglise d'aujourd'hui. Il tient le milieu entre deux tendances opposées qui créent un péril de sens contraire. L'une qui consiste à sacrifier la philosophie en pensant que la venue du Christ l'a rendue inutile ; c'est celle que l'on trouve par exemple chez saint Bernard, qui veut bien accorder une place à la philosophie, mais qui ne le fait qu'à contre-cœur, et dont on sent bien qu'il s'en est toujours défié et ne l'a jamais aimée ; l'autre qui consiste à affirmer qu'il n'y a qu'une seule vérité, qui nous est découverte aussi bien par la raison que par la foi, et qui, en dépit du primat qu'elle prétend accorder à la foi, nous invite d'une manière si pressante à la penser qu'elle peut à la fin la faire paraître elle-même inutile. Le thomisme est un compromis entre ces deux extrêmes. Il ne permet pas à la pensée d'appréhender le divin intuitivement ; il ne lui permet de réaliser qu'une inférence de l'humain au divin. Et c'est précisément parce qu'il est une doctrine moyenne qu'il trouve toujours des adversaires à la fois chez ceux qui pensent que la raison, si elle est conduite comme il faut, réussit à rendre les vérités de la foi parfaitement transparentes, et chez ceux qui n'ont de confiance que dans l'amour, qui pensent qu'il suffit à tout, que c'est lui seul qui nous permet de pénétrer jusqu'au cœur même du réel et qui nous en livre le secret.

6 février 1938.

DEUXIÈME PARTIE

Chapitre I
MORALE ET SOCIÉTÉ

Peu de problèmes provoquent à la fois autant d'intérêt et autant de méfiance que le problème moral. Autant d'intérêt, car chacun de nous cherche une règle de vie : et il éprouve une crainte obscure, en se laissant porter par les événements, de manquer sa destinée et peut-être même son véritable bonheur. Autant de méfiance, car nous soupçonnons toujours un peu la morale d'altérer le réel dans l'intérêt de l'édification et de sacrifier la vie personnelle au maintien de l'ordre établi. Non point que cet ordre nous soit indifférent. Car dès que nous le sentons en danger, nous nous plaignons de la décadence de la morale. Aussi pensons-nous que les règles les plus communes méritent d'être enseignées : mais notre inquiétude propre vient de notre impuissance à nous en contenter, du besoin que nous avons de trouver au fond de nous-mêmes un idéal qui nous mette en quelque sorte au-dessus d'elles.

Cette double attitude peut être observée chez la plupart des philosophes. Ils se défendent de porter atteinte à la moralité courante ; mais ils laissent à la famille, à l'école, à l'Eglise le soin de la répandre et de l'affermir. Ils prétendent même la justifier : mais ils réservent leur estime à une vertu plus secrète qui est le privilège du sage. Car la sagesse est une lumière : elle se confond avec la connaissance de l'ordre qui règne dans l'univers et du rôle que nous sommes appelés à y tenir. Ainsi, pour eux, la morale fait corps avec la métaphysique : le plus beau traité de métaphysique s'appelle *l'Ethique* ; et aujourd'hui encore une revue comme la *Revue de métaphysique et de morale* entend nous rappeler jusque par son titre l'impossibilité de séparer entre la science de la conduite et la science de la véritable réalité.

Cependant, une telle subordination a toujours rencontré des sceptiques. Le positivisme nous montre qu'il existe une réalité morale, que l'expérience nous permet de la saisir et que les philosophes se sont toujours accordés sur elle, malgré la diversité des principes par lesquels ils entreprenaient de la fonder. On peut même affirmer avec vraisemblance qu'en morale les seules idées qui comptent sont non pas celles que la réflexion a pu produire, mais celles qui ont été réellement pratiquées. Ainsi la morale doit être un résumé de la vie. Tel est en particulier le sentiment de M. Eugène Dupréel, qui vient de publier un imposant *Traité de morale* en deux gros volumes dans les *Travaux de la faculté de philosophie et lettres de l'université de Bruxelles*. Cet ouvrage est l'exposé d'un cours qui a été professé à la même université : de là une certaine liberté d'allure dans la manière dont les idées y sont enchaînées. Mais le livre est extrêmement riche, et l'attention est retenue à chaque instant par l'ingéniosité des observations et la pénétration des analyses.

*

La première partie contient un exposé historique qui est destiné à préparer la thèse personnelle de l'auteur. La morale, selon M. Dupréel, a passé par trois étapes successives. Elle a traversé d'abord une étape que l'on pourrait appeler l'étape classique, et qui s'étend depuis l'antiquité jusqu'à la fin du dix-septième siècle. Les moralistes identifient alors le bien avec le bonheur : aussi la volonté se porte-t-elle nécessairement vers lui dès que l'intelligence le lui a fait connaître. Sur ce point, Descartes, Pascal et Spinoza ne pensent pas autrement que Platon, Aristote ou même Épicure. Tous les principes d'une telle morale tiennent dans ce texte de Descartes : « Il suffit de bien juger pour bien faire », et dans cet autre de Pascal : « Tous les hommes cherchent d'être heureux... C'est le motif de toutes les actions de tous les hommes jusqu'à ceux qui vont se pendre. » A partir du dix-huitième siècle commence une seconde étape. Le bien n'est plus l'objet d'une science : on ne cherche plus à le déduire. On pense le porter en soi et pouvoir le découvrir en soi pourvu que le regard soit assez sincère et assez pur. Tel est le sens qu'il faut donner à la voix intérieure de Rousseau et à l'impératif catégorique de Kant. Cette conception se précise dans une troisième étape au cours du dix-neuvième siècle. Cependant, il ne s'agit plus désormais de chercher à découvrir la moralité parfaite, mais de réfléchir sur une moralité donnée. Cette moralité, c'est bien dans notre conscience que nous la trouvons : seulement, elle est relative et non plus absolue comme pour Rousseau et pour Kant. Elle se forme peu à peu au cours du temps : elle est sous la dépendance du milieu social ; elle change quand ce milieu change. Ainsi le dix-neuvième siècle apparaît comme le siècle de l'histoire et de la sociologie.

Or, M. Dupréel est un moderne pour qui l'origine de la vie morale est bien dans les relations que les hommes ont les uns avec les autres, c'est-à-dire dans la société. La moralité n'est point pour lui un corollaire de la science : mais elle ne se livre pas non plus à l'introspection. Elle n'est ni une idée pure, ni un pur sentiment, mais une réalité vivante et, pour ainsi dire, militante. Elle naît de la première rencontre de deux êtres humains : car ils forment aussitôt entre eux un commencement de société. Chacun tient compte désormais de la présence de l'autre : il peut être approuvé ou blâmé par lui. Il se gêne pour lui : mais il se sent aussi soutenu par lui. Et il s'établit ainsi entre eux une sorte d'accord sans lequel ils ne pourraient pas vivre côte à côte et dont la guerre est la rupture.

La morale que l'on nous présente est donc une morale sociologique. Mais le mot risque de surprendre et peut-être même d'indigner les sociologues qui sont demeurés fidèles à l'enseignement de Durkheim. Car M. Dupréel se fait de la société une idée singulièrement souple. Il reproche même à Durkheim de parler de la société comme si elle était un groupe unique, pourvu d'une conscience collective et qui imposerait à tous ses membres de lui obéir, sans leur laisser d'autre choix que celui de la résistance, c'est-à-dire de l'immoralité. Il découvre avec malice dans la simplicité autoritaire de cette doctrine une sorte de vertu pédagogique qui expliquerait le succès qu'elle a rencontré auprès des universitaires français, heureux sans doute de se sentir délivrés par elle du kantisme, auquel ils étaient restés longtemps fidèles pour la même raison. Mais, selon M. Dupréel, chaque individu fait partie d'une multiplicité de groupes plus ou moins antagonistes : certains de ces groupes sont éphémères, comme le public d'une salle de théâtre ; d'autres sont plus ou moins durables, comme les associations ou les ligues, ou permanents, au moins en droit, comme les nations ; il y en a de fermés comme les familles et d'ouverts comme les partis ; certains d'entre eux peuvent être formés par la nature et se relâcher si la volonté cesse de les soutenir, tandis que d'autres, qui dépendent d'un choix révocable de chacun de leurs membres, sont unis pourtant par un lien si étroit qu'ils s'exposent à la persécution plutôt que de périr. Or, c'est la diversité même des groupes auxquels il appartient qui arrache l'individu à son tête-à-tête avec une société qui le fascinait, introduit dans sa vie morale une complexité de plus en plus grande, fait naître en lui tous les conflits de devoirs, mais libère aussi son initiative, qui va prendre conscience de ces conflits et se charger elle-même de les résoudre.

Cependant cette solution ne comporte elle-même aucune règle mécanique qui soit valable pour tous les cas. M. Dupréel n'accepte pas que l'on invoque pour se décider le degré d'extension du groupe. Il repousse la règle stoïcienne reprise par Montesquieu dans un texte célèbre et que beaucoup de nos contemporains seraient peut-être disposés à ratifier en l'amendant un peu. « Si je savais quelque chose qui me fût utile, dit Montesquieu, et qui fût préjudiciable à ma famille, je le rejetterais de mon esprit. Si je savais quelque chose qui fût utile à ma famille et qui ne le fût pas à ma patrie, je chercherais à l'oublier. Si je savais quelque chose qui fût utile à ma patrie et qui fût préjudiciable à l'Europe et au genre humain, je le regarderais comme un crime. » Mais les choses ne sont pas aussi simples. Dans toute action notre liberté doit s'engager à nouveau et peser les facteurs en présence, au lieu de se borner à évaluer la grandeur matérielle des groupes auxquels elle s'affronte : ses relations avec chacun d'eux ont des degrés différents d'urgence, de densité, de réalité et de valeur. Antigone évoque les lois non écrites pour résister à l'injustice de Créon. Mais si ces lois garantissent les droits imprescriptibles de tout être humain, elles lui commandent pourtant de sacrifier ses devoirs envers Thèbes à ses devoirs envers son frère Polynice.

*

On ne peut donc s'étonner de trouver, dans la partie sans doute la plus originale de l'œuvre de M. Dupréel, une inspiration individualiste qui prolonge et dépasse l'inspiration proprement sociologique. Car la discipline sociale ne parvient jamais à fonder la moralité, puisque, dans toutes les circonstances où un problème se pose, l'individu doit choisir, entre plusieurs disciplines, celle à laquelle il préfère obéir. Quand il est parvenu au sommet de la vie morale, il néglige la règle, parce qu'elle ne suffit plus à le déterminer ; il se dégage de la servitude des groupes sociaux, parce qu'il est l'arbitre de leurs conflits. A ce moment, la moralité n'est plus consentie par un acte de soumission : elle est voulue par un acte de création. Il ne subsiste plus en nous cette résistance de l'être passif qui explique pourquoi le devoir ressemble toujours à une contrainte. Le devoir lui-même a disparu pour laisser la place au pur amour du bien. Nous sommes devenus tout activité. Et notre conscience est désormais unifiée, puisque, au lieu de fonder notre vie morale sur l'obéissance à des règles séparées, elle s'est élevée jusqu'à un principe qui les justifie, qui les accorde, qui les surpasse, et qui dans chaque action particulière nous invite à réaliser le même idéal.

Atteindre le plus haut degré de la vie morale, c'est donc, comme le font le sage, le héros et le saint, choisir par un acte libre un idéal dont on reconnaît la valeur suprême. Mais dire que cet idéal doit être choisi, c'est dire qu'il en existe plusieurs et que chacun d'eux est le moyen qu'adopte la personne pour réaliser sa propre vocation morale. De même que la vie morale avait commencé par nous délivrer d'un attachement exclusif à notre être individuel pour nous assujettir aux conditions d'un accord avec les autres individus, elle doit nous délivrer maintenant de cette sujétion elle-même et nous inviter à retourner vers le moi pour découvrir un élan intérieur qui lui permettra cette fois de dépasser à la fois l'intérêt de l'individu et celui du groupe : l'individu et le groupe sont devenus tous deux des instruments au service de certaines fins qui leur sont supérieures. Ces fins sont le vrai, le beau et le bien. Mais on ne peut pas les poursuivre ensemble. Elles sont même jusqu'à un certain point incompatibles, bien qu'elles symbolisent pourtant entre elles. Celui que la beauté ébranle le plus profondément consacre à sa recherche toutes les forces de son être : il obtient en elle et par elle une sorte de totalité qui nous permet de lui pardonner s'il nous semble un peu insensible à la science ou à la vertu. On peut observer la même exclusivité apparente dans la poursuite du vrai ou du bien. Mais il est pourtant illusoire de penser qu'une conscience particulière puisse choisir le bien tout entier comme son idéal propre sans le déterminer davantage : c'est une fin trop abstraite, et qui ne trouve point au fond de notre être personnel des dispositions assez précises pour la soutenir. Par contre, il y aura toujours des apôtres et des martyrs de la justice ou de la charité, bien qu'en un sens ces vertus se contredisent et qu'il soit toujours difficile de les concilier. De même, les différentes formes de l'idéal artistique ne peuvent point être poursuivies à la fois : chacune d'elles est même une sorte de négation de toutes les autres. Et si l'on accorde à M. Dupréel qu'il y a du moins une convergence entre les différents types de vérité, ce qui n'est point absolument évident, il est encore permis de penser que les qualités d'esprit qui nous font aimer telle recherche particulière et nous permettent de lui consacrer notre vie tout entière cesseraient sans doute de trouver leur emploi dans telle autre recherche qui demande précisément des qualités contraires.

On aboutit donc à ce paradoxe, c'est que la moralité ne s'élève pas, comme on le croit presque toujours, de l'individuel à l'universel : du moins fait-elle apparaître dans l'universel une multiplicité de formes de l'idéal qui correspondent à la multiplicité des différentes vocations personnelles. M. Dupréel se rend bien compte des dangers auxquels nous expose une pareille thèse : tel imagine poursuivre un idéal, qui songe seulement à s'affranchir de ses véritables devoirs pour céder aux impulsions de sa nature individuelle. L'énergie héroïque est un idéal, mais qui conduit Julien Sorel à s'imposer de singulières obligations ; la non-résistance au mal en est un autre, mais qui peut pousser dans les pas de Gandhi tout homme bienveillant et un peu indolent. Aucun de ces écueils ne doit être dissimulé : car il faut les connaître pour garder à l'idéal sa pureté et ses exigences. On le reconnaît lui-même à ce signe qu'il nous oblige à nous réaliser, mais toujours en nous surpassant.

Ces différentes formes de l'idéal, dira-t-on, doivent nécessairement se combattre : mais il semble que la vertu suprême, pour M. Dupréel, consiste précisément à en choisir une et à les respecter toutes. Cette vertu est la noblesse d'âme, dont il nous parle en des termes qui permettent de penser qu'elle exprime à ses yeux l'essence la plus profonde de la moralité : « L'élévation ou la noblesse d'âme est la qualité d'une conscience disposée à reconnaître partout et chez tous toute valeur spirituelle quelle qu'elle soit. Il n'y a pas de code moral capable de répondre intégralement à tous les scrupules d'une conscience très éclairée. Celui qui a le plus d'élévation ou de noblesse d'âme se révèle dans toutes les difficultés que la vie lui propose pourvu d'un tact et de ressources qui manquent aux autres. La modération est une certaine hauteur de vues que nous apportons dans le service de notre propre idéal. La noblesse d'âme est une bonne volonté qui respecte tout ce qu'inspire à un autre la bonne volonté. »

Cependant, peut-on admettre que la divergence entre les formes de l'idéal soit elle-même sans remède ? Elle exprime sans doute ce qu'il y a d'irréductible dans la personnalité de chaque être fini. Mais toutes ces formes sont nécessaires l'une à l'autre : il y a entre elles de mystérieuses correspondances et elles s'alimentent à une source commune. M. Dupréel se défendrait contre de telles suggestions : il craindrait d'y trouver un retour à la morale classique qu'il condamne définitivement. Il lui reproche de réaliser l'idéal au lieu d'en faire un simple « motif d'inspiration ». Mais on peut penser que les métaphysiciens de l'âge classique sont plus d'accord avec lui qu'il ne le croit. L'idéal est bien aussi pour eux un motif d'inspiration : seulement, après l'avoir reconnu comme tel, on n'est point dispensé de montrer pourquoi il a la force de nous inspirer. Où puise-t-il une pareille force ? Nul ne peut contester qu'il ne soit découvert, éprouvé, affermi dans les contacts que nous avons tous les jours avec les individus au milieu desquels nous vivons. Mais il surpasse pourtant tous les accords conventionnels sur lesquels M. Dupréel entend fonder la moralité. On n'a pas le droit de le regarder comme un objet : mais personne sans doute n'a jamais songé à le faire. Il est la marque de notre participation toujours imparfaite à une activité qui nous dépasse, mais qui, dans la mesure où elle pénètre en nous, nous délivre de toutes les contraintes extérieures, donne à tous les objets leur signification et à toutes les actions leur valeur.

30 avril 1933.

Chapitre II
LE SYSTÈME DE LA MORALITÉ

La division la plus simple et la plus profonde de la philosophie est aussi la plus traditionnelle : elle distingue une philosophie théorique, qui cherche à atteindre le réel, et une philosophie pratique, qui cherche à régler la conduite. Nous ne sommes faits que pour connaître et pour agir. Le propre de la connaissance est de nous permettre de prendre possession, par la représentation, de ce vaste monde dans lequel nous sommes situés ; le propre de l'action est de le modifier sans cesse pour le conformer à nos vœux. Et notre bonheur ou malheur résulte de l'accord ou du désaccord qui se produit entre ce qui nous est donné et ce que nous avons voulu.

Mais on pense souvent que la philosophie accorde à la connaissance un véritable privilège. Son ambition dernière n'est-elle pas de nous dire ce qui est ? Son opération la plus pure n'est-elle pas la contemplation ? Sans doute elle nous enseigne la sagesse : mais la sagesse parfaite ne consiste-t-elle pas à comprendre l'ordre de l'univers et à l'accepter ? Aussi les hommes d'action ont-ils en général peu de goût pour la philosophie ; et les philosophes eux-mêmes nous surprennent, comme on l'a vu par l'exemple de M. Blondel, quand ils mettent l'action au premier rang de leurs préoccupations. Pourtant il y a une unité réelle de la conscience humaine : la pensée est elle-même un acte, et aucun acte ne mérite ce nom s'il n'enveloppe une pensée. Bien plus, on pourrait se demander si ce n'est pas dans cette action dont nous disons qu'elle modifie le monde, et par conséquent qu'elle contribue à le créer, que nous saisissons, beaucoup mieux que dans la connaissance, qui fait de nous un simple spectateur, à la fois l'essence de notre moi, au point même où il s'engage tout entier, et l'essence du réel, au point où ce moi a prise sur lui, et le met pour ainsi dire sous sa dépendance.

Telle est sans doute la pensée de M. René Hubert, qui vient de publier une *Esquisse d'une doctrine de la moralité*, où il nous apprend à retrouver dans le problème de la conduite les exigences fondamentales par lesquelles la conscience humaine se constitue. Il est difficile de parler de la morale avec une rigueur capable de nous satisfaire. Le mot même sonne mal à des oreilles un peu délicates, comme si la morale résidait trop souvent dans des exhortations dont l'origine ne gagnait pas à être approfondie. Elle nous donne des préceptes, mais auxquels se dérobent également une sincérité cynique qui n'écoute que la voix du désir, et une pureté spirituelle qui les ignore et nous porte toujours au delà. Elle est une sorte de police, plus subtile que l'autre, mais qui nous gouverne aussi par la crainte de châtiments, plus diffus, plus intérieurs ou plus lointains. Aussi les traités de morale, soit par leur intention pédagogique et édifiante, soit par le souci de réunir les suffrages les plus communs, soit par le refus de remonter jusqu'à des principes qui en débordent le cadre, ont-ils souvent une portée philosophique médiocre. Il n'en est point ainsi de l'ouvrage de M. Hubert. Il le présente lui-même comme le fruit de vingt ans de méditations. Il ne dissimule pas que le problème de la morale, c'est pour lui le problème de l'esprit considéré dans son efficience, c'est-à-dire dans le pouvoir qu'il a non seulement d'agir sur les choses, mais aussi de se constituer lui-même. Il a subi l'influence d'Hamelin qui a été, parmi les penseurs français de la dernière génération, le plus vigoureux et le plus systématique. Il fait avec lui une profession de foi idéaliste. L'action se produit au niveau des phénomènes. Elle est toujours en rapport avec le sujet, et par conséquent elle est nécessairement une représentation. Et comme Hamelin avait essayé de définir l'ordre hiérarchique des éléments qui entrent dans la représentation théorique, M. Hubert prolonge la même entreprise en définissant l'ordre hiérarchique des éléments qui entrent dans la volition, c'est-à-dire dans la représentation pratique.

La représentation théorique et la représentation pratique procèdent l'une et l'autre de la Raison, qui est le sommet de la conscience, ou encore la conscience parvenue à l'intelligence d'elle-même. Elles forment les deux faces de la conscience ; mais elles traduisent son unité, au lieu de la diviser.

La conscience, en effet, se définit par la relation : or il ne suffit pas de dire, selon la formule classique, qu'elle est la relation d'un sujet et d'un objet ; elle est d'abord la relation de soi avec soi. Telle est la condition requise pour qu'elle puisse se créer elle-même indéfiniment. Or cela n'est possible que si elle s'engage dans la durée, où elle ne cesse à la fois de progresser et de se dépasser, où elle oppose toujours le passé à l'avenir, c'est-à-dire une existence déjà accomplie et réalisée à une existence encore en suspens, et qu'il dépend d'elle de produire. Le propre de la connaissance, c'est de se tourner vers cette existence donnée afin de nous permettre d'en prendre possession ; tout pour elle est déterminé et soumis à la loi de la causalité ; et la vérité qu'elle nous apporte est affranchie du temps où l'événement a eu lieu ; elle est valable pour tous les temps. Le propre de l'action, au contraire, est d'être tournée vers une existence simplement possible et qu'il lui appartient précisément d'actualiser : jusque-là cette existence elle-même est indéterminée ; et elle ne cesse de l'être qu'au moment où la liberté entreprend de l'assumer. Cette liberté à son tour, bien qu'elle prenne dans la causalité son point d'appui, rompt pourtant avec elle ; elle est toujours un premier commencement ; elle introduit dans le monde une finalité qui provient d'elle seule. Par opposition à la connaissance, elle est véritablement située dans le présent, dans ce présent vivant, d'où l'avenir, par notre propre opération, ne cesse d'éclore.

Il y a une tendance, il est vrai, chez beaucoup d'esprits, à penser que la causalité seule est une exigence irréductible de la raison, et que la liberté, qui la dépasse, est elle-même irrationnelle. Mais elle ne la dépasse pas sans l'intégrer. Elle n'agit jamais sans cause, mais elle fait de la cause elle-même le moyen par lequel elle introduit, dans le monde tel qu'il est donné, la valeur qui le justifie. Ainsi ce qui légitime l'action est aussi ce qui détermine la liberté à agir.

*

Ces principes étant posés, M. Hubert essaie de montrer, à l'exemple d'Hamelin, comment la conscience pratique se constitue par degrés, à travers une série d'oppositions où s'exprime sa relation de plus en plus complexe avec elle-même, et qu'elle doit surmonter sans cesse avant d'atteindre son unité concrète la plus haute. C'est donc de cette relation de soi avec soi considérée dans son abstraction la plus dépouillée qu'il nous faut partir, pour la voir se développer ensuite par un enrichissement continu. Elle est la *loi* à laquelle la conscience obéit, et qui réside dans le pur rapport de ce qu'elle est et de ce qu'elle aspire à être, dans l'affirmation qu'elle fait d'elle-même en un présent qui n'est que le passage du passé à l'avenir, dans la conversion enfin qu'elle est tenue d'effectuer sans cesse de la virtualité à l'actualité. Cette loi à son tour ne s'actualise pas d'elle-même : elle n'y réussit précisément que par l'intermédiaire d'une *liberté* dont on peut bien dire qu'elle en est le contraire, comme le discontinu est le contraire du continu, mais qui ne parvient pas à s'en passer pourtant, puisqu'elle lui sert à la fois de matière et d'instrument. Enfin le *devoir* exprime une sorte de compénétration de la loi et de la liberté, où l'on voit apparaître l'effort qui implique toujours une double résistance de la loi à l'arbitraire de la liberté et de la liberté à la contrainte de la loi.

Cependant, le devoir ne suffit pas à produire l'harmonie de la conscience avec elle-même. Il est pour nous un impératif auquel il faut encore que nous donnions un acquiescement intérieur. Cela n'est possible que si son objet provoque en nous un attrait, c'est-à-dire possède une *valeur*. La valeur est cette qualité par laquelle l'objet lui-même correspond à une aspiration de la conscience. Elle exprime l'intérêt que prend la conscience à l'accomplissement de l'action morale. Or le devoir et la valeur ne peuvent pas rester opposés ni même séparés : c'est la *personne* qui les réconcilie ; car se vouloir comme personne, c'est chercher à obtenir une coïncidence entre ce qui nous oblige et ce que nous aimons. A ce moment-là, on voit apparaître la responsabilité qui apprend, selon le mot de Péguy, à « devenir ce que l'on est », et le remords, qui mesure l'écart

57

entre ce que l'on aurait souhaité d'être et ce que l'on est devenu.

Mais de même qu'aucune conscience théorique ne peut suffire à la représentation de tout l'univers, de même qu'elle appelle toujours d'autres consciences pour la parfaire, de même la personne morale est limitée, non pas seulement par des obstacles matériels qui sont au-dessous d'elle, mais encore à son propre niveau, c'est-à-dire par d'autres personnes morales dont l'égoïsme, qui les nie, implique encore la présence. Il faut donc qu'il y ait une *pluralité de personnes*, qui sont égales entre elles, mais par la seule possibilité qu'elles ont de se créer elles-mêmes en se proposant toutes des fins morales. Cependant, ces personnes ne sont pas indépendantes les unes à l'égard des autres. Elles entrent dans une véritable *communauté* où l'on peut dire que toutes sont présentes ensemble à chacune d'elles, où toutes doivent être pour chacune d'elles comme une fin à vouloir et à réaliser. Ce qui n'est possible que s'il règne entre elles cette réciprocité de sympathie et de confiance qui constitue la véritable sociabilité.

La communauté ne supposait rien de plus qu'une pluralité de personnes égales. Mais chacune d'elles est pourtant distincte de toutes les autres. Et la liberté, étant une création de soi par soi, implique la nécessité rationnelle, pour être soi, de ne ressembler à aucun autre. Ainsi on voit apparaître entre les consciences une *diversité* qui les oblige, pour se faire, à s'individualiser en se détachant de la communauté elle-même, en fondant sur les différences naturelles auxquelles elles se trouvent liées l'originalité de leur vocation spirituelle. Cependant, cette diversité, à son tour, ne peut être réintégrée dans la communauté que par la *justice* dont on peut dire qu'elle suppose le droit, qui est la faculté pour chaque personne d'accéder à ce qu'il y a de commun à toutes, et la limitation de ce droit, qui résulte de la considération des autres personnes ; et elle n'est rien de plus elle-même que la reconnaissance de cette limitation. Mais c'est une erreur que l'on commet trop souvent de réduire la justice à l'égalité, qui est plus abstraite qu'elle. Elle tient compte des différences ; et M. Hubert cite le mot de Fouillée, qu' « elle est le respect de ce qu'il y a dans chaque individu d'ineffablement mystérieux », de ce mystère de l'individu qui est le mystère même de la liberté.

La justice, sous sa forme la plus parfaite, est donc la sauvegarde de l'originalité individuelle dans ce qu'elle a de plus délicat et de plus pur. Mais elle est dépassée par le dévouement et par le sacrifice. Seulement la dialectique de M. Hubert, au lieu de les réduire au sentiment, cherche quel est le concept qui les traduit : c'est à ses yeux le concept de *l'organisation*, où chacun se pose à la fois comme supérieur et inférieur à un autre, fait abstraction de ses propres fins pour se mettre au service de celles d'autrui, où une même discipline unit celui qui commande et celui qui obéit, où le seul qui soit digne d'être chef est aussi le meilleur, c'est-à-dire celui qui est capable du sacrifice le plus grand. Cependant, la justice et l'organisation sont comme deux contraires, puisque l'une est fondée sur le respect de l'individu et l'autre sur sa subordination. Leur convergence est réalisée par la *solidarité*, qui n'est pas, comme on l'a cru, un fait mais un idéal, qui est la synthèse suprême de la moralité, la réalisation concrète et vivante de la relation, dont on avait montré qu'elle était la loi constitutive de la conscience, et où chaque terme ne peut se concevoir et s'accomplir qu'en fonction de tous les autres. Ici la contradiction du « soi » et du « hors de soi » est abolie. Et la solidarité elle-même n'est que le dénouement de tout le mouvement dialectique par lequel on a vu peu à peu la liberté se changer en amour.

*

Ce qu'il importe par-dessus tout de ne point méconnaître, c'est que tous les éléments de la moralité forment un tout qui est indivisible, et que l'immoralité commence lorsque l'un d'entre eux se détache de tous les autres pour être élevé jusqu'à l'absolu : c'est ce que l'on voit sans peine dès que l'un d'eux, comme la liberté, ou la justice, ou l'organisation, occupe toute la place, ce qui ne se produit jamais sans que la paix elle-même soit menacée, et que le destin de l'esprit soit en péril. Dans cette description schématique, nous n'avons pas pu donner une idée de la richesse des analyses par lesquelles chacune des notions fondamentales est approfondie, articulée avec les voisines, mise en rapport avec les exigences concrètes de la conscience contemporaine. Nous ne voulons point nous attarder sur la critique que l'on pourrait faire de ce formalisme où l'on voit surtout le souci de garder à l'expérience réelle toute sa diversité, à l'invention de l'esprit toute sa flexibilité, ni demander comment leur accord en droit est possible, ni chercher si l'activité de la pensée, par sa double fonction théorique et pratique, ne se découvre pas à nous, grâce à la négation même de toute chose en soi, comme une participation qui, dans la connaissance, nous fait apparaître le réel comme un objet donné, et, dans l'action, comme une fin à laquelle nous coopérons. A toutes ces questions, M. Hubert nous suggère déjà certaines réponses dans la dernière partie de son livre. Ici, en effet, on voit un accord se produire entre l'ordre théorique et l'ordre pratique à l'intérieur d'un ordre nouveau, qui est l'ordre esthétique. Entendons ce mot dans son sens le plus large. C'est le sentiment qui réalise l'unité de la conscience. Il surpasse à la fois la connaissance des choses qui nous sont données et l'effort inséparable de toute action qu'il nous faut accomplir. Il nous montre qu'éprouver est au delà de connaître et d'agir. C'est en lui sans doute que la liberté triomphe, comme on le voit dans l'art, qui réconcilie l'objectivité avec la subjectivité et le visage du monde avec les aspirations de la conscience ; dans l'amour, qui est le trait d'union entre les consciences, et peut-être, dans chacune d'elles, entre la nature et la spiritualité ; dans la religion enfin, où le propre de la foi est d'affirmer que le principe dont dépend l'existence du monde est le même qui donne à notre volonté la puissance de faire le bien. Mais M. Hubert tient à laisser à la conscience religieuse sa forme la plus générale et la plus indéterminée. « Elle est, dit-il, l'affirmation d'un Etre absolu, qui s'accommode aussi bien du panthéisme que du théisme, qui peut incliner aussi bien vers le pessimisme que vers l'optimisme, qui n'est au total que le sentiment dont chaque conscience est affectée quand elle se hausse jusqu'à saisir d'un seul regard la totalité de l'existence. » Et il montre qu'elle prend spontanément la forme de la mysticité, qu'au terme de la progression dialectique la raison se dégage de ses propres liens, que « la vision de la totalité est elle-même une vision totale, sans parties et sans phases », qu'elle est au delà des règles du savoir et de l'action, et que son essence réside dans l'intuition d'une présence et dans l'identification avec cette présence.

27 août 1939.

DEUXIÈME PARTIE

Chapitre III
LE MOI ET LE NOUS

Qu'il y ait des manières de penser et de sentir communes à tous les hommes d'un même pays, à tous ceux d'une même époque, c'est là ce qui frappe vivement l'historien, précisément parce que, détaché lui-même du spectacle auquel il applique son regard, il l'embrasse dans une perspective où les différences s'effacent et les inégalités se compensent. Mais celui qui vit avec les hommes de son pays ou de son temps ne connaît que par le dedans les sentiments qu'il éprouve. Il les voit naître de son propre fond. Il y découvre l'expression de son moi le plus secret. Il est attentif à leurs moindres nuances, au consentement intérieur qu'il leur accorde, à toutes les hésitations qu'il traverse avant de s'engager, aux divergences qui le séparent d'autrui, qu'il ne parvient jamais tout à fait à surmonter, et qui le laissent toujours jusqu'à un certain point solitaire et incompris. La conscience la plus délicate est aussi souvent la plus farouche ; il arrive que le vœu qu'elle forme, c'est de pouvoir échapper à son milieu et à son temps, à ces contacts trop pressants qui l'oppriment ou qui la blessent. Elle trouve alors un refuge dans la solitude, où elle réussit parfois à former une société plus pure avec d'autres consciences appartenant à tous les pays et à tous les temps, qui ont avec elle une affinité élective plus étroite et dont elle ressuscite la présence par un acte intérieur qui dépend d'elle seule.

Cette observation suffit à montrer que la solitude et la société ne s'opposent pas aussi radicalement qu'on le pense ; car, dans la solitude, ce que nous cherchons c'est une société plus parfaite où nous n'avons plus avec un autre être que des relations spirituelles : ce qui explique assez bien pourquoi l'absence est l'épreuve héroïque de l'amour. Bien plus, la solitude et la société sont inséparables l'une de l'autre : dans la société l'homme élargit jusqu'aux limites mêmes de l'univers la solitude qu'il a cru rompre, et dans la solitude il approfondit jusqu'à sa source la plus intime cette société qu'il a voulu fuir. Il n'y a pas sans doute de surprise plus émouvante que celle que nous ressentons lorsqu'une pensée que nous avions longtemps portée en nous-même, en la regardant comme le produit de notre réflexion la plus silencieuse et la plus personnelle, nous apparaît tout à coup comme commune à beaucoup d'autres, qui en faisaient de leur côté, et à notre insu, l'objet de leur préoccupation essentielle et de leur intérêt de prédilection. Ainsi nous philosophons toujours avec notre temps, même sans le vouloir. Et nous pensons encore avec ceux qui nous entourent, même quand nous croyons penser contre eux ou sans eux.

A cet égard, l'évolution de la pensée philosophique depuis un demi-siècle est singulièrement instructive. Dans les années qui ont précédé la dernière guerre on pouvait considérer le succès du positivisme comme assuré. La connaissance scientifique, par la rigueur de ses méthodes et par l'étendue de ses applications, était devenue le but suprême de toute activité intellectuelle. En elle se réalisait l'accord entre tous les esprits. La philosophie était devenue sa servante : il lui suffisait de prendre conscience des opérations de plus en plus subtiles et de plus en plus complexes par lesquelles la science triomphait des résistances que le réel ne cessait de lui opposer : ainsi, la pensée apprenait à se mirer dans son propre ouvrage. Mais la philosophie d'aujourd'hui est orientée autrement. Sans diminuer la valeur de la science qui éprouve nos forces dans la lutte que nous poursuivons contre la matière pour la dominer en mettant en jeu toutes les ressources de notre intelligence elle s'intéresse moins à l'acte par lequel nous tentons de nous connaître nous-même dans notre rapport avec les choses qu'à l'acte par lequel nous essayons précisément de créer notre être propre dans nos rapports avec les autres êtres. Quant aux choses elles-mêmes dont la science nous assure la possession, elles ne forment plus qu'un monde intermédiaire entre les consciences, qui les sépare et qui leur permet de communiquer.

Telles sont les tendances que l'on retrouve dans deux ouvrages récents de M. Gabriel Madinier. L'un, qui a pour titre *Conscience et mouvement*, est une étude sur la philosophie française de Condillac à Bergson ; elle montre comment s'est développée peu à peu en France cette réflexion de forme biranienne qui s'attache à saisir l'activité de l'esprit dans l'initiative même par laquelle elle s'exerce et dans la production de ces mouvements qui l'expriment au dehors, grâce à des symboles qu'elle dépasse toujours : parmi les livres contemporains, c'est à la thèse si remarquable de M. Jean Nabert sur l'*Expérience intérieure de la liberté* que M. Madinier se réfère le plus souvent. Son second ouvrage, *Conscience et amour*, dont on peut penser qu'il prolonge et épanouit le premier, se présente comme un *Essai sur le Nous*. Au lieu de considérer le moi comme enfermé dans une prison subjective peuplée seulement de phénomènes, M. Madinier pense qu'il se constitue par un acte de liberté qui appelle, au lieu de l'exclure, une relation avec le moi des autres. Le moi ne devient lui-même que par une double démarche par laquelle il se distingue du « nous », avec lequel pourtant il ne cesse de s'unir.

Si nous remontons jusqu'au principe d'une telle conception nous voyons que le moi ne peut résider que dans l'acte même par lequel il se fait. Il faut donc que le moi soit une liberté, faute de quoi il ne serait qu'un objet. Mais comment cette liberté peut-elle se déterminer ? Le moi n'est point libre tant qu'il cède au désir ou qu'il obéit à la nature. Il n'est libre que s'il peut justifier ses décisions par des raisons. C'est dire que le moi se pose par rapport à un ordre universel qu'il s'oblige lui-même à instaurer et à maintenir. C'est alors qu'il découvre la valeur, dont on peut dire qu'elle est au-dessus du moi, bien qu'elle n'ait de sens que parce qu'elle est elle-même voulue.

Ainsi, l'acte par lequel le moi ne cesse de se créer lui-même, c'est l'acte moral. Et il est remarquable qu'un tel acte, dans lequel notre être engage sa responsabilité la plus profonde et la plus personnelle, nous met toujours en relation avec les autres êtres. Quel est donc le principe suprême qui doit régler notre conduite à leur égard ? Est-ce la justice ? Est-ce la charité ?

M. Madinier reprend les termes de cet antique débat, qui avait opposé déjà Renouvier à Secrétan. Renouvier pensait que l'amour vient de la nature et qu'il s'adresse à la nature, qu'il a pour objet en nous l'*individu*, « l'être sensible, souffrant, peut-être coupable », mais non pas la *personne*, qui ne peut avoir avec une autre personne que des relations fondées sur la volonté et qui n'accepte pour loi que la raison. Ainsi tout devoir véritable est un devoir de justice. Mais Secrétan, au lieu d'opposer la nature à la raison, considère, semble-t-il, ce sommet de la conscience où elles s'identifient. Il n'y a rien sans doute qui soit au-dessus du devoir, car l'être qui se cherche cherche son devoir : c'est ce devoir vide et pur qui est lui-même : « Il est la première conscience, la première pensée, la première réflexion. » Seulement, il n'y a pas d'autre devoir pour chaque être que de réaliser sa propre nature qui est inséparable de la nature même du Tout auquel il appartient. Dès lors, s'il y a une unité morale de l'humanité, il faut que ce soit une unité voulue, et non pas une unité donnée, mais qui ait l'amour pour principe et pour fondement. La pluralité des individus est le moyen même sans lequel cette unité ne serait pas ce qu'elle doit être, c'est-à-dire un accomplissement spirituel. C'est donc leur amour mutuel qui soutient tous les êtres dans l'existence, il n'y a que lui qui puisse, sans s'épuiser jamais, donner à chacun d'eux tout ce qui lui manque. L'égoïsme dit : « Je veux être » ; mais la charité dit : « Je veux que *nous* soyons. » Mais ce « nous qui est le bien, et qui est l'objet du devoir, ce n'est pas la famille, ce n'est pas le clocher, ce n'est pas la patrie, ce nous, c'est l'univers ; le nous qu'il faut vouloir pour se vouloir vraiment soi-même, le nous dont le bien comprend notre bien, c'est l'humanité ».

Cependant, si cet amour, qui est la source première de l'existence métaphysique et de la vie morale, est au delà de la justice, il la suppose et il ne cesse de la produire et de la maintenir comme la condition sans laquelle il ne pourrait pas s'exercer. C'est que l'amour n'abolit pas, comme on le croit, la différence entre les individus ; il lui donne au contraire toute sa signification et toute sa valeur. Mais il faut pour cela que la justice commence par garantir leur indépendance ; il faut qu'elle crée cet « espace social » où ils peuvent déployer librement leur initiative dans le respect mutuel de ce qui leur est propre et de ce qui les sépare. Cependant la justice laisse à l'existence individuelle un caractère à la fois extérieur et anonyme. Cette existence est l'existence d'un autre, en tant qu'autre. C'est pour cela qu'elle me résiste, qu'elle fait valoir ses droits, qu'elle se traduit toujours par quelque exigence à mon égard. Cet autre moi auquel je dois la justice, c'est le moi de tous, ce n'est pas tel moi avec lequel je commence à entretenir un commerce et une intimité, c'est un lui et non pas un toi.

Pourtant, si dans les rapports de justice les individus reconnaissent mutuellement la valeur de leur existence propre, c'est qu'ils commencent déjà à pénétrer dans une communauté morale. Aussi, dès que la conscience devient intérieure à elle-même et au tout dont elle accepte la charge, on voit naître la charité qui abolit l'obligation, qui, au lieu d'affirmer des droits, de réaliser un équilibre, de fortifier l'individu, comme la justice, établit une concorde entre les êtres, fait apparaître entre eux un don réciproque et la convergence d'une action spirituelle. La justice égalise toutes les consciences particulières ; mais dans la charité chacune d'entre elles est orientée vers l'infini ; c'est au « tout de l'esprit » qu'elle entreprend de s'égaler. Ici nous nous trouvons au point où le moi accomplit l'acte par lequel il réalise la plénitude de son intention et dans lequel, en se posant et en se voulant lui-même comme sujet, il pose et veut tous les autres sujets dont il a besoin pour achever l'être partiel qui est le sien. Il n'y a que l'amour qui soit capable de réaliser l'unité concrète du monde, une unité qui est une union entre des êtres singuliers, qui confirme et accroît leur singularité, au lieu de la réduire ou de l'abolir. Ce qui nous permet de comprendre pourquoi l'amour s'applique toujours à un être différent de tous les autres et dont on peut dire qu'il est unique au monde, alors que cet être pourtant, loin de nous apparaître comme une limitation du Tout qui le contient, contient le Tout à son tour, dont il réalise pour celui qui aime la présence offerte et inépuisable.

L'amour crée entre les êtres un lien subjectif et spirituel tout différent de ce lien objectif et organique que la solidarité crée entre les parties d'un même Tout. Et même on peut dire que dans l'amour il n'y a point proprement de rapport entre des parties et un Tout, mais seulement entre des consciences capables de dire à la fois moi et nous. Sur ce point M. Madinier utilise les idées de M. Georges Gurvitch qui cherche à concilier l'individualisme et l'universalisme dans une doctrine où la Totalité même de l'Etre est une totalité immanente et voulue à chaque instant par tous les êtres qui la forment. Elle est un « flot de création pure » auquel participent une infinité de consciences dont chacune possède une originalité absolue. C'est parce qu'elles puisent toutes dans le même foyer que l'amour est capable de les unir, que le même « nous » les soutient et les nourrit. Et l'originalité de ce « nous » c'est de donner aux êtres qui le forment une conscience plus parfaite de leur existence distincte, c'est d'obliger chacun d'eux à vouloir que l'autre soit un moi et non pas une chose, à chercher en lui, non pas un objet à posséder, mais un sujet à épanouir.

Ainsi M. Madinier réduit à trois les traits caractéristiques par lesquels l'amour peut être défini. En premier lieu, il crée entre deux êtres une réciprocité de présence, une naturelle intimité, un dialogue qui recommence toujours. Il est l'acte par lequel ils s'unissent sans que leur unité soit jamais accomplie. C'est dire qu'il détermine entre ces deux êtres cette relation miraculeuse par laquelle il faut qu'ils se distinguent l'un de l'autre afin précisément de se donner l'un à l'autre. En second lieu, dans l'amour chaque être pose l'autre avec son initiative indépendante et la liberté qui lui est propre. Nous nous trouvons ici en présence sans doute de l'acte le plus haut de la volonté, qui partout ailleurs cherche à s'assujettir son objet, mais qui ici, au contraire, prend comme objet une autre volonté, libre comme elle et qu'elle cherche à affirmer et non pas à réduire. Il y a plus : ce toi que j'aime est un être qui forme lui-même un tout singulier capable de se suffire ; il faut qu'il garde son mystère et son infinité. Ce que j'aime en lui, c'est son essence que je n'achèverai jamais de connaître, et non pas ses qualités qui, si belles qu'elles soient, nous permettent encore de le définir, c'est-à-dire de le circonscrire. La valeur que nous lui attribuons, c'est notre amour qui la lui donne ; mais elle ne cesse de répondre à toutes nos aspirations et les surpasse toujours. En troisième lieu, enfin, c'est l'amour qui crée l'originalité des termes qu'il unit. C'est lui qui fait naître le toi. Car il appartient au « nous » de poser ses éléments, c'est-à-dire le moi et le toi, dont on peut bien dire qu'ils en sont les supports, mais dont il est plus vrai encore qu'ils en sont les produits. Ainsi, c'est dans le « nous » que chaque être acquiert la conscience de soi ; et il ne peut pas en être autrement si le fond même de l'être est esprit, c'est-à-dire amour ou union vivante entre des esprits.

La pure intelligence tend à abolir l'individualité dans l'idée, qui est universelle et la même pour tous. Mais l'amour donne un sens à l'individualité ; il fait de l'obstacle même par lequel les êtres étaient séparés les uns des autres le moyen par lequel ils communient. Il les rend présents l'un à l'autre dans un dialogue qui ne finit point. La pensée, dont on a dit qu'elle naît toujours dans un dialogue avec un objet, n'achève de se réaliser que par son dialogue avec une autre pensée. Je ne suis moi que dans la société que je forme avec un autre moi, c'est-à-dire à l'intérieur d'un « nous ». Je gémis toujours sans doute de cette diversité qui existe entre les êtres, mais c'est parce que je la considère toujours comme une diversité d'exclusion, et non pas de participation. Car il ne s'agit pas de me regarder moi-même comme simplement situé à l'intérieur d'une société dont je fais partie, il s'agit pour moi d'engendrer cette société par un acte d'amour. Et puisque l'amour n'a point de limites, cette société elle-même est unique et toujours ouverte.

On voit maintenant comment on peut concevoir les rapports de la charité et de la justice. La justice permet à l'individu de sortir de soi, de s'élever à une vue du Tout dans laquelle il occupe une place déterminée parmi d'autres individus. Mais tous les êtres individuels sont naturellement en conflit. La justice établit entre eux une conciliation. Elle est l'expression d'un ordre rationnel qui présente une valeur universelle et qui est fondé sur des rapports de quantité, sur l'égalité et sur la proportion. Elle est à la rencontre de l'idéal moral et de la concurrence pour la vie. Elle est une reconnaissance de l'existence d'autrui, l'organisation de cet espace social dans lequel les êtres pourront réaliser entre eux des relations personnelles. Elle est médiatrice entre l'égoïsme qui sépare et l'amour qui unit. Mais la fin de la justice, c'est seulement de permettre le règne de la charité. Elle en est déjà l'expression dans le domaine du discours et de la mesure. Et c'est pour cela qu'elle ne doit jamais être sacrifiée. Mais la charité est au delà : elle subordonne la société des individus où chacun parle des autres en disant *il* ou *lui*, à cette société de personnes qui, en disant *toi* et *moi*, pénètrent véritablement dans le même *nous*.

9 octobre 1938.

Chapitre IV
LES SOURCES DU DROIT

Les juristes ont à l'égard de la philosophie une attitude analogue à celle des savants, défiante et parfois même un peu soupçonneuse, mais qui cache l'espoir de découvrir à la fin une philosophie concrète que la science ou le droit appellent ou supposent. Les savants cherchent l'ordre qui règne dans la nature : par là ils atteignent une vérité vérifiable, mais relative, et dès qu'ils cherchent à la systématiser, à la dépasser ou seulement à la justifier, ils deviennent philosophes à leur corps défendant. Les juristes à leur tour étudient les règles de droit qui sont reconnues et pratiquées dans la société réelle, mais ils ne peuvent songer ni à les fonder ni à les réformer sans édifier un corps de doctrine qui est lui-même une philosophie. Aussi est-il facile de comprendre ce mot que l'on prête à l'un d'entre eux : « Il y a de la métaphysique dans le moindre procès de mur mitoyen ». Et comment en serait-il autrement si toute démarche de l'homme vivant en société nous oblige à déterminer ses relations avec les choses et avec les personnes, et par conséquent à prendre conscience de sa place dans le monde, qui seule peut nous permettre de comprendre l'origine de ses actions et d'en reconnaître la valeur ? Une philosophie indépendante de toute connaissance positive, de tout contact avec le réel et avec la vie, ne serait que le rêve d'un visionnaire. Mais il n'y a pas de recherche positive qui, pour celui qui la pousse jusqu'au dernier point et ne refuse pas de scruter ses principes, ne nous donne une vue sur tout l'univers et par conséquent ne s'achève en une philosophie.

Le *Temps* annonçait récemment la réunion à Paris du premier congrès de l'Institut international de philosophie du droit et de sociologie juridique, auquel vingt nations étaient représentées. L'institut a élu comme président un Français, M. Louis Le Fur, auteur de deux livres très estimés sur *l'Etat fédéral* et sur *le Saint-Siège et le droit des gens*, et comme secrétaire général, M. Georges Gurvitch, philosophe autant que juriste, ancien professeur à l'université de Petrograd et à celle de Prague, qui est venu se fixer à Paris, où il a soutenu récemment deux thèses considérables sur *l'Idée du droit social* et sur les relations entre *le Temps présent et l'idée de droit social*. M. Gurvitch, qui est l'auteur d'un livre sur la morale concrète de Fichte, et dont l'esprit est profondément imprégné par la pensée de ce philosophe, cherche sous le nom de *droit social* à atteindre un droit vivant et qui déborde le droit légal ou formel et quelquefois le contredit ; et il essaye de le saisir à sa racine même, c'est-à-dire dans l'activité créatrice qui le forme peu à peu au cours de l'histoire et l'oblige à s'incarner dans des organes lui permettant de s'exercer.

*

La conception traditionnelle du droit est fondée sur des principes individualistes dont M. Gurvitch est l'adversaire : dans cette conception, le rôle du droit est toujours de limiter la sphère d'action de la liberté afin d'empêcher ses empiètements ; sa fonction est donc surtout négative. Il définit ce qui est permis et ce qui est défendu. Il met en œuvre les deux grandes règles : *neminem lædere, suum cuique tribuere*. Il implique un contrat par lequel deux individus s'engagent l'un vis-à-vis de l'autre dans un acte de volonté bilatéral. Ce droit ne semble connaître que les rapports entre les individus : même lorsqu'on le rattache à l'Etat qui le fixe et qui l'impose, l'Etat, à son tour, est regardé comme un individu supérieur à tous les autres et qui les soumet à son autorité ; mais pour légitimer cette autorité on est tenté invinciblement de retourner encore vers un contrat entre des volontés particulières, sans lequel elle ne serait qu'une force pure.

Or l'idée du droit social assouplit singulièrement ce schéma classique. Sans regarder l'individu comme une abstraction à la manière d'Auguste Comte, M. Gurvitch pense pourtant qu'il n'a pas d'existence séparée. Il est toujours membre d'un groupe et même d'une multiplicité de groupes, d'une famille, d'une commune, d'une religion, d'un syndicat, d'une nation. Et ce sont tous ces groupes associés et opposés qui, par leur équilibre, forment la « société », avec laquelle l'Etat ne doit pas être confondu. La société est vivante, concrète, mobile : elle est un milieu spirituel dans lequel ma vie est enracinée, que je ne cesse de maintenir et d'animer par le jeu de mes intérêts et de mes affections. En face d'elle, l'Etat n'est qu'un tyran anonyme. Aussi existe-t-il toujours entre l'individu et l'Etat un débat latent, une sourde hostilité. L'Etat déçoit toujours la confiance que l'on met en lui ; il est l'objet constant de nos exigences, de nos reproches et de nos plaintes. Ce n'est pas avec lui que nous formons société, mais avec nos amis, nos parents, nos coreligionnaires, nos camarades d'atelier, nos compatriotes : c'est dans chacun de ces groupes que notre vie trouve son appui naturel, que nos sentiments découvrent leur véritable emploi, que nos actions rencontrent un point d'application et une efficacité.

L'origine du droit social, selon M. Gurvitch, est bien au delà des décisions de la volonté ou des stipulations d'un contrat. Il ne se dégage jamais des relations qui peuvent s'établir entre *moi, toi* et *lui*, mais de la réalité même d'un groupe dont tous les membres, au lieu de s'opposer les uns aux autres, se sentent unis entre eux et ne peuvent faire autrement que de dire *nous*. Alors, le droit n'est plus autoritaire ni contractuel ; il est engendré par le groupe lui-même comme la loi de son existence ; il n'est donc plus le même dans les différents groupes, et il existe un pluralisme juridique. Ce droit, d'ailleurs, n'est pas toujours organisé ni codifié. Il tend à affecter une forme statutaire ou disciplinaire ; s'il oblige les individus, ce n'est point en tant qu'individus, mais en tant qu'associés et coopérateurs du même groupe ; et il cesse de les obliger dès qu'il leur est possible d'abandonner le groupe, comme on le voit pour les membres d'un syndicat ou pour ceux d'une Eglise.

En reprenant un mot du juriste allemand Otto von Gierke, M. Gurvitch introduit, par opposition à la notion de l'individualité juridique, celle de *la personne juridique complexe*, qui est à la fois une par son expression extérieure et visible, et multiple par la relation interne de ses éléments. Le groupe social devient alors une totalité, mais qui est immanente à ses parties et dans laquelle il y a un engendrement réciproque et fonctionnel du tout par les parties et des parties par le tout. Toute société est un organisme formé par une sorte de commerce mutuel de tous ses membres, mais qui ne ressemble nullement à un organisme biologique parce qu'il n'obéit point comme celui-ci à des lois fatales : c'est un organisme spirituel, moral et libre.

*

Nous voici maintenant au cœur même de la doctrine. Et il nous faut le secours de Fichte pour y pénétrer. L'origine dernière du droit réside dans une supra-conscience qui embrasse toutes les consciences individuelles comme ses moments. Car « tous les individus », selon Fichte, « sont intégrés dans la grande unité de l'esprit pur ». Et c'est pour cela que le droit ne doit pas être livré à l'arbitraire des décisions du pouvoir ou des conventions particulières ; le rôle de la volonté ne peut être que de le reconnaître et non pas de le créer. Il s'offre toujours à elle avec un caractère de réalité et d'objectivité. Nous le voyons émerger de l'infrastructure même de la vie sociale. Il est le lien interne de certains groupes humains qu'il appelle à l'être et qui ne subsistent que par lui. Mais ces groupes eux-mêmes n'ont été fondés ni par un contrat ni par un acte de domination. Leur réalité est à la fois historique et dynamique : il n'y a d'autre lien entre leurs membres que la communauté d'un idéal, le sentiment d'une œuvre identique à laquelle ils participent et qu'il dépend d'eux de réaliser. Le Tout social est donc un tout actif qui n'a d'unité que par le but moral auquel il convie tous les êtres qui le composent. Dès lors il n'y a que l'action qui soit créatrice du Droit : il n'y a qu'elle qui puisse produire entre ceux qui la font ensemble une véritable communion. Celle-ci naît de leur accord sur une certaine valeur et de la convergence de leurs efforts pour la faire triompher. Or qu'est-ce que cette valeur elle-même, sinon une idée intemporelle et sans corps à laquelle ils essayent de donner dans le temps une forme réelle et une vivante efficacité ?

Ainsi nous voyons que l'essence même du réel se confond avec le mouvement de la société tout entière tendu vers l'idéal. Car l'Esprit ne s'accomplit que dans la société et par elle : c'est lui qui forme ce *nous* qui est au delà de chaque *moi* et pourtant immanent à tous et qui les associe indivisiblement à l'œuvre de la création. On comprend facilement qu'entre la société spirituelle parfaite et la société où nous vivons il faille un intermédiaire : c'est le droit qui est chargé de le fournir. Mais ce droit cesse d'être un droit purement négatif destiné à protéger la liberté en péril ; il ne se borne point à assurer notre indépendance, ni à réparer le tort qui nous est fait. C'est un droit positif qui fournit un soutien à tous les individus qui font partie du même groupe, et qui cherche à réaliser entre eux une paix vivante, une coopération active et militante.

Le droit est donc le prélude de la morale. Déjà, dans son apostrophe à Créon, Antigone s'étonnait qu'ils pussent se contredire : « Je ne croyais pas que ton *édit* eût assez de force pour donner à un être mortel le pouvoir d'enfreindre les décrets divins qui n'ont jamais été écrits et qui sont immuables. » Sans doute, aucune règle de droit n'est immuable, mais toutes ne sont pas écrites ; et si le droit varie dans le temps et dans l'espace, c'est pour réaliser la justice. Pourtant la justice n'est pas toute la morale. Elle suppose l'existence de conflits qu'elle apaise, d'antinomies qu'elle harmonise. Elle fait correspondre à tout droit un devoir, sans qu'il y ait antériorité de l'un par rapport à l'autre. Elle introduit dans le monde une sorte de calcul, des relations qui ont une forme schématique et quantitative. Comme la science, le droit réalise une sorte de passage entre l'ordre de la nature et l'ordre de l'esprit. Dans le monde du droit comme dans celui de la science tout se règle par poids, nombre et mesure. Mais comme l'art surpasse la science qui le supporte, ainsi la morale surpasse le droit qui lui ouvre le chemin. Seuls, l'art et la morale donnent à l'action son caractère individuel et inimitable ; à ce niveau, le conformisme dont la science et le droit se contentent est rompu : nous nous trouvons en présence de la qualité pure et d'une puissance d'invention qui est au delà de toutes les règles.

C'est que la zone du droit ne peut pas comprendre en elle toute la zone de la morale ; et peut-être sur aucun point ne coïncident-elles exactement. La justice, selon Fichte, est une étape de la morale. Mais dans une communauté d'anges ou de saints la justice ne trouverait plus d'application. Car le propre de l'être moral, c'est de participer immédiatement, sans avoir besoin de passer par la vie juridique d'un groupe, à la puissance d'invention de l'esprit créateur : son action n'a jamais besoin de contre-partie, elle est toujours le fruit d'un acte de générosité pure, le don d'un être unique et privilégié, comme on le voit par l'exemple du sage, du héros ou du saint ; elle ne laisse place à aucune revendication. Elle est l'effet d'une volonté libre qui poursuit toujours un objet infini.

*

Telles sont les thèses principales dont M. Gurvitch a entrepris la défense. Mais ce rapide exposé ne suffit point à donner une idée de l'abondance des informations, de la richesse des analyses et des discussions que contiennent ces deux livres dont M. Le Fur a pu dire qu'ils constituaient une sorte de Somme des questions relatives au droit social. Le livre principal est une histoire où l'auteur étudie avec beaucoup d'ingéniosité et de science la formation progressive du droit social en France à travers les œuvres de physiocrates, de Proudhon et des juristes contemporains Duguit, Saleilles et Hauriou ; en Allemagne à travers celles de Leibnitz, de Fichte, de Krause, des théoriciens du *Volksrecht*, et d'Otto von Gierke. On n'oubliera pas qu'Hugo Preuss, qui fut l'auteur de la Constitution de Weimar, était un disciple de Gierke ; les événements qui se déroulent sous nos yeux rendent difficile de penser que, dans le conflit qui oppose la société à l'Etat, l'Etat soit toujours destiné à avoir le dessous. Le droit romain, le code Napoléon nous habituaient à considérer le droit comme une règle rigide, à laquelle la jurisprudence donnait une certaine flexibilité permettant de le mettre en accord avec la multiplicité infinie des situations particulières. Faut-il penser que le seul équilibre des différents groupes sociaux, soit à l'intérieur de la nation, soit à l'intérieur de l'humanité tout entière, arrive à contre-balancer ou à annuler l'ancienne prééminence de l'Etat ?

On sait que l'hostilité que montre M. Gurvitch à l'égard de l'étatisme est un autre aspect de son hostilité à l'égard de l'individualisme, dont l'étatisme ne se distingue qu'en apparence et qu'il accompagne toujours comme son ombre : c'est un individualisme qui ne se sauve de l'anarchie que pour opposer la volonté particulière de l'Etat à la volonté particulière de ses membres. Au droit de l'Etat, au droit de l'individu, M. Gurvitch oppose un *jus fraternitatis*. Mais il ne semble pas que, dans cette condamnation, l'Etat et l'individu puissent être maintenus au même rang. Il nous sera toujours impossible, sans doute, de dissocier l'idée de droit de celle d'une conscience personnelle qui l'apprécie et accepte de s'y soumettre. Mais il n'en est pas de même à l'égard de l'Etat ; ici nous nous trouvons en présence d'une alternative : l'Etat étant l'organe central de l'autorité, nous sommes toujours inclinés, tantôt à tout lui accorder, en le regardant comme l'unique source du droit, ainsi que le faisait Hegel, tantôt à tout lui refuser, en le regardant comme une force pure, ainsi que le proposait Duguit. Rien ne paraît plus difficile que de lui attribuer une puissance juridique partielle, comme le demande M. Gurvitch. Il ne concède à l'Etat qu'un seul privilège : mais c'est celui de la contrainte absolue. Or, ne dira-t-on pas que c'est là un simple corollaire de son caractère le plus profond, qui est d'être une puissance de fait et non point une puissance juridique ? Réjouissons-nous si les progrès du droit social mis en œuvre par une pratique vivante, éclairé par la réflexion, consenti par la volonté, viennent pénétrer peu à peu cette force et la spiritualiser.

Faut-il admettre enfin, comme le veut M. Gurvitch, que la volonté ne fait rien de plus que d'assister à la naissance d'un droit irrationnel et impersonnel qui se constitue pour ainsi dire en dehors d'elle et qu'elle se contente de constater ? Ou bien le droit ne peut-il naître que d'un acte du jugement et d'un choix de la volonté appliqués à des forces instinctives qui par elles-mêmes n'ont ni valeur juridique ni valeur morale ? On ne reprochera pas à M. Gurvitch de n'avoir pas donné à des questions si graves une réponse décisive. On remarquera pourtant que les juristes français sur lesquels il s'appuie accordent presque tous davantage à la volonté individuelle ; on le voit par l'exemple d'un texte qu'il emprunte lui-même à Duguit : « Une volonté individuelle, même déterminée par un but collectif, reste une volonté individuelle, et la solidarité n'est qu'une pensée individuelle. » Par là seulement peuvent s'éclairer des formules comme celles-ci : « qu'il ne peut y avoir de droit que lorsque la masse des individus composant le groupe comprend et admet qu'une réaction contre la violation de la règle peut être socialement organisée », ou encore que « c'est l'état de conscience qui est finalement la source créatrice du droit ».

29 octobre 1933.

Chapitre V
HISTOIRE ET DOCTRINE

L'histoire est la mémoire de l'humanité. Or le passé est mort et vivant tout à la fois. Il est mort, puisqu'il est accompli : aussi pouvons-nous le contempler avec sérénité sans qu'il engage notre responsabilité et nous oblige à prendre parti. Et pourtant il est vivant, puisque nous le portons en nous, que nous retrouvons en lui tous les intérêts qui nous animent et qu'il n'y a que sa lumière qui soit capable d'éclairer notre conduite. D'autre part, il est l'objet privilégié de notre pensée, car la pensée ne peut saisir que l'être réalisé, dont les contours sont arrêtés, qui a terminé sa course et qui nous a livré son secret : l'intervalle qui nous sépare de lui est un milieu transparent qui accuse ses traits et révèle leur signification. Le passé possède enfin une richesse infinie qui surpasse la conscience présente et ne cesse de l'alimenter. Ainsi comment s'étonner que l'histoire puisse exercer sur tant d'esprits une séduction aussi vive, puisqu'elle élargit la conscience personnelle jusqu'aux dimensions de la conscience de l'humanité, qu'elle promet à un simple regard attentif plus de biens que l'invention n'en pourrait fournir, qu'elle éveille en nous le sentiment de nos puissances, sans nous obliger pourtant à les mettre en œuvre ?

De là aussi une défiance à l'égard de l'histoire chez certains êtres qui ont plus d'ardeur ou plus d'impatience, qui savent que la vérité est l'œuvre personnelle de chaque conscience et qu'en s'attardant à contempler les étapes qu'il a parcourues, l'esprit, au lieu de régler notre marche, la paralyse. On trouve déjà chez le jeune Descartes cette allure conquérante par laquelle, rompant avec tout le passé, repoussant entre le réel et lui tous les intermédiaires, persuadé que l'univers tout entier est présent devant lui et qu'il porte en lui-même la puissance indivisée de le connaître, il entreprend de construire par ses seules ressources tout l'édifice de la science. C'est souvent le signe de la faiblesse de chercher un témoignage dans le passé, et de la force, de le méconnaître, ou même de le renier. Non point sans injustice d'ailleurs, car les puissances que nous exerçons aujourd'hui avec tant de hardiesse se sont formées peu à peu : mais ce qui importe, c'est de leur trouver un nouvel emploi qui soit digne d'elles, au lieu de les laisser s'épuiser à recommencer les vieilles démarches qui leur ont donné autrefois leur vigueur et leur souplesse.

Le dix-neuvième siècle a été le siècle de l'histoire. Renan incarne bien sa pensée. Et l'histoire a fini par être pour Renan une école de scepticisme : car celui qui connaît tant de doctrines opposées, et qui sait qu'elles ont toutes été soutenues pour quelque bonne raison, ne peut qu'éprouver de la sympathie pour ces palpitations impuissantes de la conscience humaine, en ressentant une sorte de supériorité à se laisser ébranler par toutes, sans être dupé par aucune. Mais Auguste Comte et Hegel utilisent l'histoire avec plus de rudesse. Ils lui demandent de nous révéler la loi implacable selon laquelle notre esprit évolue. Il n'existe pour eux aucune vérité éternelle à laquelle les différents individus participeraient selon leur degré d'attention et d'amour. Le temps est devenu une réalité absolue et pour ainsi dire métaphysique. La connaissance traverse une série d'étapes enchaînées selon un déterminisme rigoureux : il est utile de les connaître pour pouvoir comprendre l'avènement de la dernière, à laquelle nous sommes parvenus, et pour éviter de se laisser retenir par la séduction de toutes celles que l'humanité a peu à peu dépassées.

Mais l'histoire elle-même n'est-elle pas en train de perdre son prestige ? On observe un peu partout en Europe une sorte d'indifférence et même de dérision à son égard. Benedetto Croce le constate avec un peu d'irritation dans un article récent de la *Revue de métaphysique et de morale*, intitulé : « Antihistoricisme ». Si la politique de certaines nations, si l'art de certaines écoles prétendent rompre avec la tradition et avec l'histoire, la pensée pure ne sera-t-elle pas tentée de les imiter ? Cependant elle n'a pas besoin pour cela de mettre sa confiance dans une inspiration révolutionnaire ; il suffit qu'elle retrouve la foi en elle-même qu'elle n'aurait jamais dû perdre. Elle croyait autrefois qu'elle portait en elle toute la vérité et qu'en se repliant sur elle-même elle était capable de la découvrir. La pensée était une puissance dont la vérité était l'exercice.

Mais une telle croyance suppose que ma propre pensée est aussi votre pensée, que nous participons tous à la pensée universelle selon notre capacité, et que, par la communication incessante que nous avons avec autrui, nous ne cessons de confirmer, de rectifier et d'agrandir notre vision de la réalité. Dès lors l'histoire cesse d'être un danger. Elle ne nous invite plus à nous pencher sur un passé aboli pour essayer de le ressusciter ; mais elle ne nous oblige pas non plus à considérer comme anachroniques et périmées toutes les grandes idées que la conscience commune a cessé un moment d'accueillir. Les plus belles découvertes sont souvent des vérités familières qui ont été oubliées : l'histoire les tient en réserve. Et elle nous permet de former avec tous les hommes une société immortelle, qui comprend à la fois les morts et les vivants.

Aussi ne voit-on pas que cette avidité métaphysique qui tourmente tant d'esprits depuis la guerre les ait détournés de toute curiosité historique. Tout au plus peut-on dire que le rapport entre ces deux préoccupations s'est renversé. Car on demandait autrefois aux historiens de constituer une sorte de musée des doctrines disparues où seul le zèle de quelque néophyte pouvait trouver une illusoire satisfaction. On leur demande aujourd'hui de donner à notre pensée un aiguillon et un aliment : car il n'est point de doctrine qui ne vienne ébranler dans notre esprit quelque touche secrète à laquelle elle donne un retentissement plus ou moins profond. Il y a cinq ans, le moment avait paru propice pour fonder en France une *Revue d'histoire de la philosophie* (Gamber). Tout récemment l'Allemagne a repris sous le titre d'*Archiv für Geschichte der Philosophie*, une publication fondée par Ludwig Stein en 1887, et qui comprenait à l'origine des recherches théoriques. Dans son premier fascicule, on trouve un article de Rickert consacré aux relations de la philosophie systématique et de son histoire. Le même sujet avait déjà été examiné par M. Emile Bréhier dans l'introduction du premier volume de son *Histoire de la philosophie*. Ce double témoignage montre chez tous le même souci de faire servir l'histoire au développement même de la pensée : l'historien ne prétend plus s'enfermer dans la science d'un passé enseveli où aucune des questions que nous nous posons ne trouverait d'écho. Que dire enfin de tous les savants qui étudient la pensée du moyen âge et dont les travaux depuis dix ans ne cessent de se multiplier ? On ne les croirait pas s'ils voulaient nous persuader qu'il n'y a chez eux aucune arrière-pensée dogmatique et qu'ils entendent seulement nous faire connaître une période importante de la philosophie dont l'étude a été négligée pendant trop longtemps : cette étude est capable à leurs yeux de nous faire réfléchir et de nous instruire. Ceux qui s'attachent à saint Thomas avec le plus de dévotion servent le thomisme : ils jugent que cette doctrine est la mieux accommodée à nos besoins.

Rickert observe justement qu'il y a entre la philosophie et son histoire une relation beaucoup plus étroite qu'entre l'histoire de la science et la science. Rien ne nous frappe plus vivement que l'ignorance et l'indifférence du savant à l'égard du développement du savoir. Il lui semble qu'il perdrait son temps s'il devait chercher comment la vérité a été trouvée. Il s'intéresse aux résultats de la science plutôt qu'à ses efforts ; il n'a besoin de connaître ni les insuccès ni les erreurs qui sont inséparables de la recherche. Il ne veut retenir que les découvertes qui ont survécu et qui, dépouillées de tout nom d'auteur, de toute date, entrent aujourd'hui dans le système anonyme et intemporel qui constitue la science de son temps. Mais la philosophie ne comporte point un pareil bilan. Nul ne pourrait discerner avec certitude dans aucun système ce qui a subsisté de ce qui a péri ; il n'y a point une seule idée que l'on oserait condamner en affirmant qu'elle est à jamais incapable de renaître. C'est que chaque système est une perspective sur la totalité du monde. On peut l'élargir ou l'approfondir, mais non point la diviser sans la détruire. C'est un état d'âme autant qu'une connaissance. Il est inséparable de la personnalité même du philosophe ; sa vie s'y est engagée tout entière et non pas seulement son intelligence ; il exprime et satisfait toutes les aspirations de la sensibilité et du vouloir que les événements auxquels il a été mêlé ont quelquefois déçues. Il traduit le sens que l'univers a pris pour sa conscience et nous ne pouvons ni le comprendre ni le juger si nous n'éprouvons pas pour l'homme lui-même une sorte de fraternité.

Ainsi, chaque système philosophique est indivisible comme la personnalité même qui l'a conçu : il porte en lui une idée-mère dont il nous montre la fécondité et le rayonnement. Mais elle trouve dans notre propre esprit un terrain plus ou moins propice pour une nouvelle croissance. Ainsi voit-on certains livres ébranler notre activité intérieure et lui donner un mouvement ininterrompu. Nous ne nous lassons jamais de les reprendre, nous savons que nous ne les épuiserons jamais. Alors leur caractère historique s'efface. La voix qui parle en eux semble parler en nous. Malgré l'intervalle de temps, nous sentons devant nous la présence d'une autre conscience qui est toute proche de la nôtre. La distance qui nous sépare d'elle est beaucoup moindre que celle qui nous sépare de tant de contemporains qui sont pour nous des étrangers ou des inconnus. Car les affinités spirituelles surpassent le temps. Il n'y a que la matière qui s'y assujettit.

Mais l'histoire ne se contente point de nous apprendre à découvrir dans le passé certaines classes d'esprits avec lesquels nous pouvons entretenir un commerce qui nous fortifie. Elle joue à l'égard du passé de l'humanité le rôle de la mémoire à l'égard du nôtre. Or la mémoire ne nous représente pas notre développement intérieur comme une ascension continue où tous les événements s'appellent les uns les autres en vertu d'une sorte de fatalité. Sans doute, dès qu'ils sont révolus, il s'établit entre eux une soudure qui fait paraître irrévocable l'ordre même de leur succession : mais il n'en était pas ainsi au moment de leur apparition ; seulement nous avons perdu le souvenir de l'acte qui les a produits pour ne retenir que la trace qu'ils ont laissée dans la durée. Il faut que notre mémoire devienne plus exigeante et plus fidèle, qu'elle retrouve la libre initiative qui les a créés et dont, après coup, le déterminisme enregistre l'oscillation.

De même, notre perfectionnement n'est possible que s'il ne nous est point imposé : il faut, pour qu'il soit notre œuvre, que nous puissions nous y soustraire, que notre activité soit toujours capable de se relâcher ou de se tendre, qu'elle risque à chaque instant de reperdre tout ce qu'elle a gagné. Il n'est même pas vrai de dire que la conscience s'enrichit mécaniquement par la seule multiplicité des expériences qu'elle fait : ce serait d'un effet trop sûr ; la distraction, l'oubli, la paresse mentale menacent toujours de la raréfier et de l'obscurcir. Les fluctuations par lesquelles notre état intérieur passe chaque jour remplissent notre vie tout entière. Nous ne sommes jamais assurés de retrouver la vérité qui nous a fuis. La vie de l'esprit ne peut se maintenir que par une lutte ininterrompue contre l'automatisme qui cherche toujours à la supplanter : en suivant la pente de la facilité, elle finit souvent par succomber. La douleur la plus profonde que nous puissions éprouver est de nous rappeler que nous avons pu nous élever autrefois jusqu'à certains sommets de la pensée où nous n'avons pas su nous établir et que nous nous croyons désormais hors d'état de reconquérir.

Mais ce progrès de notre conscience, qui n'est ni fatal, ni continu, et qui suppose toujours une présence attentive de tout notre être, possède un caractère si complexe qu'il est parfois très malaisé de le reconnaître. Car il y a dans le moi une multiplicité de puissances ; et le développement des unes refoule souvent celui des autres sans qu'il soit toujours possible d'établir entre elles une hiérarchie évidente. Celles à qui on accorde le plus d'estime ne sont pas toujours les plus précieuses, bien que leur exercice détermine les effets les plus apparents, le contentement le plus immédiat et l'approbation la plus commune. Le véritable progrès de la conscience réside sans doute dans une forme d'activité beaucoup plus subtile où, l'unité intérieure étant réalisée, la diversité des puissances se trouve abolie et comme fondue dans une grâce indivisible et surnaturelle.

*

Quand nous étendons à l'évolution de la pensée humaine tous les caractères de l'évolution individuelle, leur relief devient plus marqué : car si l'histoire de chaque être suit une ligne relativement simple, qui est formée pourtant par une foule d'inflexions imprévisibles, la pensée humaine suit une infinité de lignes qui se croisent et dont les inflexions sont à la fois contraires et complémentaires. Pour comprendre le sens de ce développement, il faudrait abandonner l'idée d'un progrès continu, admettre que toutes les puissances de l'esprit s'exercent en même temps, bien que d'une manière inégale, et que l'expansion de l'une d'elles retarde l'expansion des autres, qui doit attendre pour se produire un moment plus favorable ; mais il se forme toujours entre elles une sorte de compensation, et même il existe, à certaines époques, d'incomparables réussites où l'on découvre un équilibre qui les accorde, une unité qui les rassemble, et où chacune d'elles appelle les autres et les soutient au lieu de les contrarier. Cela n'empêche pas la vie de l'esprit d'être toujours en péril. Car, dès qu'elle repose sur un succès, elle commence à décliner. Il faut donc sans cesse la défendre et la régénérer.

Telle est la tâche de la doctrine. Entre elle et l'histoire, il y a la solidarité la plus étroite. On ne perdra pas de vue que la vérité se réalise toujours dans la conscience d'un individu, que la vie de l'esprit recommence entièrement pour chacun de nous, que personne ne pense jamais à la place d'un autre. Mais notre conscience n'est pourtant pas solitaire. Elle ne fait qu'un avec les autres consciences. Elle cherche sans cesse à surpasser les limites que lui impose l'individualité. Sa valeur se mesure à l'intensité de sa puissance de communication avec tous les êtres. Dès lors, comment pourrait-elle négliger tant de messages immatériels que le passé lui envoie ? Car le passé ne meurt que si nous le laissons mourir. Si le réel est esprit, tous ceux qui ont vécu de la vie de l'esprit sont pour nous des médiateurs dont il faut accepter l'entremise. Il n'y a pas une seule grande pensée dont la sève soit épuisée : la retrouver et la faire revivre, c'est lui faire porter de nouveaux fruits. En sauvant de l'oubli les plus beaux moments de lucidité auxquels l'intelligence humaine est jamais parvenue, nous les dégageons du temps qui les laisse périr : nous haussons notre regard jusqu'à l'éternité dont ils nous ouvrent l'accès.

Le progrès n'est point une acquisition continue dont nous pourrions, sans agir, demeurer les heureux bénéficiaires. Le progrès dépend de l'usage que nous savons faire du passé. Peut-il suffire d'employer les forces qu'il nous a léguées en méprisant tous les enseignements qu'il peut contenir ? Ainsi fait l'homme qui se confie à l'instinct sans faire usage de la mémoire. Mais la mémoire déploie devant nous la totalité de notre vie afin de nous permettre les comparaisons par lesquelles nous pouvons briser l'instinct et le dépasser. C'est ainsi que l'histoire alimente la doctrine. Mais la doctrine peut refuser de remplir sa fonction. Elle peut céder à l'opinion, qui la rend inutile, et qu'elle a la charge de soutenir et de diriger. Son rôle est de se dégager, s'il le faut, de la pression d'une époque où les intérêts de l'esprit peuvent être négligés ou menacés. C'est de découvrir dans l'espace et dans le temps tous les contacts qui peuvent l'éclairer et la fortifier. Enfin, si la vérité ne doit pas être seulement contemplée, mais voulue et aimée, si le monde, pour avoir un sens, exige que notre action ne cesse de le lui donner, le rôle de la doctrine est d'exercer sur l'ensemble du passé cette perpétuelle option par laquelle, refusant tout crédit aux idées qui asservissent notre esprit ou l'inclinent devant la matière, elle redonne sans cesse l'être et la vie à toutes celles qui épanouissent ses puissances et relèvent son initiative et sa responsabilité.

7 juin 1931.

Chapitre VI
L'HOMME, ETRE HISTORIQUE

C'est sans doute de l'idée de temps que dépendent tous les problèmes que l'homme peut se poser sur son origine et sur sa destinée. C'est dans le temps que s'écoule toute notre vie ; c'est dans le temps aussi que nous la situons au sein d'une évolution qui la dépasse, et qui est celle de l'humanité entière ; l'humanité à son tour ne remplit peut-être qu'un moment dans le devenir de tout l'univers. Aussi sommes-nous moins effrayés par la pensée de cette immensité de l'espace où notre corps occupe une place si chétive, que par la pensée de cet abîme de la durée où nous ne faisons qu'apparaître pour nous écrouler tout aussitôt. L'infinité de l'espace comparée à la petitesse de notre corps suffit à étonner notre imagination ; mais l'infinité du temps comparée à la brièveté de notre vie ébranle davantage notre sensibilité.

C'est que, si borné que soit notre regard, l'espace nous est donné tout entier : nous en sommes le contemporain et nous nous sentons à son niveau ; nous pouvons toujours concevoir que notre œil devienne un peu plus pénétrant et notre mouvement un peu plus rapide, de manière à nous permettre d'embrasser dans l'univers une étendue un peu plus vaste. Ainsi entre l'espace sur lequel nous régnons et celui qui est au delà il y a continuité d'existence et déjà, en un sens, continuité de possession. Mais il n'en est pas de même avec le temps : nous pouvons supposer aussi, dira-t-on, que notre vie soit un peu plus longue, qu'elle commence un peu plus tôt et qu'elle finisse un peu plus tard. Seulement la naissance et la mort créent une coupure absolue entre le temps où nous vivons et celui qui le précède ou celui qui le suit. L'espace qui déborde notre horizon ne nous chasse pas de l'existence ; il ouvre devant elle un chemin où elle ne cesse de s'engager. Mais le temps où nous ne vivons pas est séparé de nous par une barrière insurmontable : c'est un domaine qui nous est fermé, une existence qui nous est refusée. Bien plus, c'est dans l'espace que les choses s'offrent pour ainsi dire à notre esprit et lui deviennent transparentes. C'est dans le temps qu'elles se dérobent à lui et lui deviennent mystérieuses. Le temps met chaque être en relation avec le néant d'où il semble qu'il émerge et où il semble qu'il retombe. En lui l'expérience de la vie commence et s'interrompt. Et le plus grave problème qui ait jamais étreint le cœur de l'homme, c'est de savoir qu'il y a une éternité de l'Etre dont il participe de quelque manière et à laquelle sa vie manifestée, si courte qu'elle soit, ne cesse jamais d'adhérer.

Toutefois l'espace et le temps ne servent pas seulement à accuser l'opposition entre notre existence finie et l'infinité même dans laquelle elle se trouve pour ainsi dire enveloppée : ils nous apprennent encore à en triompher. D'une part en effet, le mouvement nous permet de vaincre la limitation de notre corps ; d'autre part tout l'effort de la science est de montrer qu'il n'y a point dans le monde un seul objet, si exigu qu'on l'imagine, qui ne soit lié par un réseau de relations avec tous les autres et qui ne suppose l'univers entier pour le soutenir. De même, le présent de notre vie ne peut être séparé ni du passé le plus reculé où il plonge ses racines, ni de l'avenir le plus lointain où il trouvera toujours quelque retentissement : et c'est là ce qui oblige chacune de nos actions à faire corps avec la totalité du réel ; c'est là ce qui lui donne sa gravité morale et sa signification métaphysique.

A cet égard, il y a une grande différence entre les idées des Anciens et les nôtres : les Anciens croyaient que la fin suprême de la sagesse, c'est de nous délivrer du temps, où s'écoulent les apparences, pour nous mener vers la contemplation des vérités éternelles. Mais les modernes pensent que l'homme est un être historique, que le temps est essentiel à sa vie, que c'est en lui seulement qu'il la réalise, grâce à un choix qu'il ne cesse de faire, à un engagement de tous les instants par lequel il collabore à l'œuvre de la création et devient l'auteur de son propre destin. Ce privilège accordé au temps caractérise la pensée chrétienne qui considère la relation de l'homme avec Dieu comme un drame historique et l'existence dans le temps comme notre unique moyen d'accéder dans l'éternité. A plus forte raison les philosophes qui réduisent l'être au devenir et soutiennent que l'éternité est un simple mirage doivent-ils considérer l'homme comme un être qui vit avant tout dans le temps et dont l'existence ne prend un sens que par rapport à un temps dont elle procède et par rapport à un temps sur lequel elle agit : de telle sorte que pour eux c'est l'histoire qui est par excellence la science de l'homme.

*

C'est cette valeur exceptionnelle de l'histoire acceptée par la plupart de nos contemporains dont témoigne un livre comme celui que vient de publier M. Raymond Aron sous le titre : *Introduction à la philosophie de l'histoire*. Cette expression, qui a été longtemps décriée, désigne tous les systèmes qui, au début du dix-neuvième siècle, cherchent à décrire d'une manière dialectique la suite des grandes étapes par lesquelles l'humanité est parvenue à réaliser, au cours des siècles, son ascension progressive. Mais c'est dans un sens tout différent que M. Aron tente un rapprochement entre la philosophie et l'histoire. Il pense que c'est dans l'histoire et à travers l'histoire que l'homme prend conscience à la fois de ce qu'il est, c'est-à-dire de toutes les puissances que le passé a accumulées peu à peu en lui, et de l'usage qu'il en doit faire, c'est-à-dire du choix par lequel il assume certaines d'entre elles et les oblige à déterminer sa conduite. Il est donc difficile de concevoir la philosophie autrement que comme une réflexion sur l'histoire. Et, inversement, celle-ci ne peut pas être dissociée de la philosophie, parce qu'elle est l'œuvre de l'historien, qui est lui-même un être subjectif, qui contemple le passé dans une perspective qui lui est propre, et dont le regard ne se tourne vers lui que pour éclairer un avenir dans lequel son action se trouve toujours engagée. Il n'est donc pas étonnant que cette introduction à la philosophie de l'histoire soit aussi un *Essai sur les limites de l'objectivité historique.*

M. Raymond Aron a publié en même temps un *Essai sur la théorie de l'histoire dans l'Allemagne contemporaine* qui est consacré à la *philosophie critique de l'histoire* : cette étude porte sur quatre penseurs inégalement connus en France : Dilthey, Rickert, Simmel et Weber, qui ont cherché à résoudre en des sens différents le problème logique soulevé par la possibilité d'une science historique. Il avait, un peu plus tôt, dans un ouvrage sur *la Sociologie allemande contemporaine*, montré les formes différentes que celle-ci a pu prendre selon qu'elle accordait davantage à l'esprit de système ou à la réalité historique.

« Nous expliquons la nature et nous comprenons l'homme », disait Dilthey. Sur cette opposition un peu simple, on pourrait faire reposer la distinction entre les sciences du monde matériel et les sciences historiques : il est vrai, pourtant, d'une part, qu'il est possible de donner au mot comprendre des sens différents, bien que l'on ne comprenne sans doute que les mouvements de l'âme dont on peut reproduire jusqu'à un certain point la réalité dans sa propre conscience, et, d'autre part, que l'explication doit garder une place en histoire, du moins si l'homme reste toujours soumis à l'action de certaines causes naturelles et sociales que sa liberté même utilise et avec lesquelles elle ne cesse de composer.

L'important, c'est que je sache reconnaître que l'histoire est mon essence même ou que je porte en moi l'histoire même que j'explore. Elle est à la fois le contenu de ma conscience et le lieu de mon action. On a toujours montré que la mémoire était à chaque homme ce que l'histoire était à l'humanité tout entière. De part et d'autre la connaissance implique toujours un retour sur soi, une rétrospection sans laquelle elle n'aurait pas d'autre objet dans l'instant que le corps ou l'événement. Mais comme l'individu ne peut pas être isolé de l'humanité dont sa destinée est solidaire, il ne peut se penser lui-même sans penser le mouvement historique auquel il participe. Seulement, l'image qu'il se fait de son passé est toujours déterminée par son présent et même par son avenir. L'animal ne vit que dans la durée. Mais le temps est une pensée qui n'appartient qu'à l'homme : c'est par elle que s'opère sans cesse en lui la liaison de la connaissance et de l'action. Aussi peut-on dire que « c'est dans l'histoire que l'homme cherche la vocation qui le réconcilie avec lui-même ». L'histoire n'est pas la simple conservation du passé : elle en est la reprise par la conscience qui le juge et qui en fait l'instrument de toutes ses créations.

Tout d'abord l'histoire est le moyen par lequel se réalisent solidairement la connaissance de nous-mêmes et celle des autres hommes. Elle nous montre que « l'individu qui refuse la lucidité est aussi éloigné de la naïveté vraie que le peuple qui rejette l'histoire l'est de la simplicité ». Mais la connaissance de soi n'est pas la simple image de notre passé. Ou plutôt, cette image a besoin elle-même d'être éclairée et animée. Or, elle l'est par l'idée même de ce que l'on veut être, par l'affirmation d'une valeur que l'on cherche à maintenir et qui est inséparable d'une vérité que l'on cherche à percevoir. L'une et l'autre se soutiennent au lieu de s'exclure. La conscience oscille toujours entre une découverte de soi qui n'est jamais complète et une décision sur soi qui n'est jamais triomphante. La vérité même de notre passé ne fait ses preuves que dans l'avenir. L'idée que nous nous formons de nous-même est toujours « l'union d'une rétrospection et d'un choix, d'une acceptation et d'un dépassement ».

Cependant je ne puis pas séparer la connaissance que j'ai de moi-même de celle que j'ai des autres êtres. Je suis incapable sans doute de pénétrer dans une conscience qui n'est pas la mienne : mais c'est pour cela aussi qu'on peut se faire du même homme une pluralité d'images différentes qui toutes sont vraies à la fois ; et je ne me juge moi-même qu'en me confrontant sans cesse avec elles. De plus, j'entretiens avec autrui des relations vivantes qui supposent à la fois une communication intellectuelle, une collaboration active et une compréhension affective. Ma solitude elle-même est faite d'échanges incessants avec tous les êtres. Ce qui suffit à nous montrer la véritable nature de l'histoire qui suppose une triple dialectique du passé avec l'avenir, du savoir avec le vouloir, et de moi-même avec les autres êtres ; qui, en dédoublant le devenir au moment où il est en train de se produire, transforme une simple démarche de la vie en une opération de l'esprit ; qui, en considérant les actions quand elles sont déjà accomplies, nous permet de les juger par leurs fruits et de trouver en elles un principe de conduite ; qui prolonge enfin et achève la connaissance de soi en obligeant chaque être à faire de sa propre existence un moment dans le développement total de l'humanité.

Il y a dans le passé une richesse infinie que nous ne parviendrons jamais à épuiser, ce qui justifie la diversité des interprétations que l'historien peut en donner. Il faut donc que l'histoire se renouvelle toujours. Mais ce passé dont elle ne nous livre jamais tout le sens est un passé spirituel : son essence est d'être mobile et toujours en chemin ; et la diversité des interprétations, au lieu de la dissimuler, nous sert, au contraire, à la découvrir. Chaque homme choisit en quelque sorte son passé, mais en le choisissant il le transforme en une idée agissante. Le rôle de l'histoire, c'est précisément de relier « le passé du savoir au futur du vouloir ». Et le propre de tout savoir réflexif, c'est de me révéler ce que je suis dans l'histoire, moi parmi les autres, ce qui n'est possible que par une décision personnelle qui engage déjà mon avenir. Aussi peut-on dire que l'avenir est la catégorie première. Toute pensée que j'ai du passé est une conversion et une promesse d'action. De là enfin la solidarité étroite de l'histoire et de la politique. La vision que j'ai de l'histoire est aussi la justification de la politique à laquelle j'adhère. Et l'impossibilité pour aucun homme de se séparer de tous les autres hommes, avec lesquels il poursuit dans le temps la même tragique aventure, explique pourquoi chacun d'eux aujourd'hui tend à être citoyen avant d'être particulier, à sentir qu'il appartient d'abord à une patrie ou à une classe pour laquelle il est prêt à donner sa vie.

Ces conclusions appellent certaines observations qui permettront d'en mieux mesurer la portée. Tout d'abord, la conception de l'histoire que l'on nous présente cache une certaine philosophie, plutôt qu'elle n'en tient lieu. On peut bien affirmer comme un fait d'expérience qu'il n'y a rien en deçà ni au delà du devenir. Mais on sait le péril que font courir à l'esprit toutes les propositions négatives. D'autre part, on ne peut pas éviter une théorie du temps dans laquelle il faudra se demander si le temps est lui-même un absolu ou exprime seulement notre relation avec l'absolu. Nous pensons avec M. Aron que le moi se constitue par un acte de liberté qui remet à chaque instant en jeu sa vie tout entière par le lien qu'il établit entre l'idée qu'il se fait de son passé et le dessein qu'il a sur son avenir. Mais cette vérité qui est évidente lorsqu'il s'agit de la formation de ma vie personnelle trouve-t-elle une application aussi claire au moment où l'historien établit par une option politique un rapport entre le passé et l'avenir de l'humanité ? On convient qu'aucun être ne puisse isoler sa destinée de celle de ce tout avec lequel il fait corps et qu'il a la charge de promouvoir. Est-ce à dire que le degré le plus haut de la conscience humaine est atteint par l'historien quand il est en même temps un politique ? Cette proposition sera aisément contestée, d'abord parce qu'il n'est pas sûr que cette préoccupation de la vocation de l'humanité ne nous détourne jamais de notre vocation personnelle au lieu de la servir, ni qu'elle ne nous éloigne pas souvent des êtres qui nous entourent, et avec lesquels nous avons des communications réelles, pour donner à notre conduite une sorte d'extériorité et d'anonymat, ni enfin que nous ne puissions pas mieux coopérer à la formation de l'histoire sans le vouloir qu'en le voulant.

Il y a plus : on a raison sans doute de dire que l'esprit est inséparable du devenir et même qu'il en assume la responsabilité ; mais c'est parce que le devenir exprime seulement la trace de son action, qui est elle-même d'un autre ordre. Ce choix que l'on nous propose de faire à chaque instant, on nous dit bien qu'il possède une valeur absolue ; mais c'est à condition sans doute qu'il ne soit pas un choix passionnel. Enfin, faut-il condamner les mots de solitude, de résignation ou de sagesse, et ne voir rien de plus en elles que l'expression d'un égoïsme par lequel l'être se refuse à toutes les tâches essentielles et héroïques que lui impose son état d'homme au milieu des autres hommes ? Faut-il ne regarder que la force avec laquelle il choisit entre les attitudes élémentaires que le monde aujourd'hui lui propose pour juger de son courage et de sa générosité ? Nous vivons sans doute à une époque où c'est l'héroïsme qui doit prendre le pas sur la sagesse. Mais le véritable héroïsme est un héroïsme de la sagesse, le seul qui puisse nous exposer à tous les coups, qui nous oblige à nous sacrifier à la raison et non point au parti, à garder la liberté de notre jugement sur toutes les actions de la vie publique, d'où qu'elles viennent, à accepter de prendre part à tous les événements de notre temps dans la situation où nous sommes placé et avec tout le pouvoir que nous possédons, pour chercher à obtenir dans chacun d'eux un bien commun à tous et non pas le succès d'une cause.

4 septembre 1938.

Chapitre VII
LA CIVILISATION ET LA PAIX

« Plus la civilisation s'étendra sur la terre, dit Condorcet dans la *Vie de Voltaire*, plus on verra disparaître la guerre et les conquêtes. » Et il semble évident à la conscience commune que la guerre est en effet un retour vers la barbarie : elle n'éprouve que de l'horreur pour les thèses qui en font la rude épreuve par laquelle l'humanité met en jeu toutes ses puissances, exerce sur elle-même une sélection impitoyable et forge par le feu sa propre unité. La civilisation nous apparaît comme un bien imparfait et fragile conquis par l'homme au prix de beaucoup d'efforts et que la guerre met chaque fois en péril. À mesure que les guerres deviennent plus générales et plus destructives on se demande si la civilisation ne risque pas d'être emportée une fois tout entière, s'il ne viendra pas un jour où, sur toute la planète, les instincts les plus violents et les plus brutaux cesseront de reconnaître aucun frein qui les modère, et si, de toute la civilisation, il restera rien de plus que quelques foyers isolés de vie spirituelle, toujours menacés, et dont nul ne peut prévoir s'ils finiront par s'éteindre ou recommenceront à se propager.

Aussi n'y a-t-il pas de moment où l'on puisse lire avec plus de fruit soit le petit fascicule déjà ancien : *Civilisation : le mot et l'idée*, publiée par le Centre international de synthèse, où un groupe d'historiens, de linguistes et de sociologues se sont attachés à définir le problème que soulève cette notion qui nous paraît pourtant si familière — soit un livre comme celui que M. Maurice Blondel faisait paraître juste à la veille des événements tragiques dans lesquels la destinée de l'Europe vient de s'engager, sous le titre : *Lutte pour la civilisation et philosophie de la paix*. Le mot de civilisation est d'un usage récent et ne date guère que de la fin du dix-huitième siècle. Mais le mot civiliser est antérieur : il était défini déjà par Furetière : « Rendre civil et poli, aimable et courtois. » On n'oubliera pas que le mot civilisation est lié à l'idée de la *civitas* où la vie humaine reçoit une organisation favorable au développement de la personnalité. La même idée est présente dans les mots civilité et politesse, et l'on parlait des peuples policés avant de parler des peuples civilisés. La vieille civilisation chinoise était elle-même fondée sur la politesse. Dans un sens voisin, l'urbanité évoque pour nous les mœurs de la ville, et la courtoisie, celles de la cour. La civilisation n'a jamais renié cette idée d'une sociabilité entre les hommes, d'une douceur dans les rapports qui les unissent, qui implique elle-même la justice et doit engendrer le bonheur. Mais la civilisation demande encore un gouvernement qui ait assez de sagesse et de force pour assurer le respect de tous ces biens, pour faciliter la communication entre les hommes (une civilisation, dit M. Seignobos avec humour, « ce sont des routes, des ports et des quais »), pour favoriser le développement de toutes les formes de l'activité spirituelle, à la fois des sciences, des lettres et des arts.

Les Allemands préfèrent le mot culture au mot civilisation. Kant, il est vrai, montrait que la culture dépend de la raison et conduit à l'idée de paix universelle. Mais les Allemands du vingtième siècle s'attachent surtout à montrer que la culture relie l'homme au sol et dépend d'une croissance naturelle qu'il s'agit seulement pour lui de seconder. Et ils lui opposent la civilisation, à laquelle ils reprochent de manquer d'âme : elle est pour eux une déchéance de la culture. Ce qui leur permettrait de souscrire encore à ce mot de Nietzsche, mais dont il n'avait pas voulu faire une épigramme : « Il n'y a pas d'autre civilisation que celle de la France. Cela ne souffre pas d'objection ; c'est la raison même ; elle est nécessairement la vraie. »

Les historiens se montrent très attentifs à établir qu'il n'existe pas une civilisation, mais une pluralité de civilisations différentes à la fois dans le temps et dans l'espace : et ils voudraient définir chacune d'elles par un critère objectif qui ne comportât aucun jugement de valeur. Mais que nous employions pour les désigner le mot commun de civilisation, c'est le signe sans doute que, à travers toutes les différences où s'exprime l'originalité de leur génie propre, nous reconnaissons la contribution de tous les peuples à l'ascension d'une humanité où ils sont solidaires les uns des autres et où l'on voit se multiplier les liens qui leur permettent de communiquer et de s'unir.

Maurice Blondel pense lui aussi que la civilisation ne peut être maintenue, que la paix ne peut être sauvegardée (disons aujourd'hui rétablie) que si les nations sont capables de reconnaître et de respecter leurs différences essentielles et constitutives, si au lieu d'y trouver un motif de haine qui pousse chacune d'elles à anéantir les autres pour obtenir un triomphe personnel, elles découvrent dans ce qui leur manque et que les autres possèdent le moyen de leur propre enrichissement. Qui mutile l'humanité se mutile aussi sans qu'il le sache. M. Blondel cherche à opposer dans une sorte de diptyque les deux idéologies qui s'affrontent aujourd'hui : celle des régimes « totalitaires » et celle des régimes de liberté. Mais il nous avertissait déjà avant que la guerre eût commencé que ce qui était en jeu ce n'était pas seulement une idée mais véritablement « le tout des hommes, les corps et les âmes, leurs attaches traditionnelles, leur condition présente, leurs naturelles et suprêmes aspirations ». D'un côté, en effet, on pense qu'un peuple doit former une masse compacte et réaliser dans son intégralité un être unique comparable au Léviathan dont parlait Hobbes : il doit, « comme un essaim, avoir une unanimité organique à laquelle nul membre n'échappe ni en pensée, ni en sentiment, ni en action ». Dans ce conformisme rigoureux, qu'il faut accepter de gré ou de force, il n'y a plus « aucune indépendance personnelle en aucune matière de science, de conscience, de croyance, de religion ». Si ce peuple appartient à une race qui possède une supériorité sur toutes les autres, il aspire naturellement à la domination. Et cette domination par laquelle il cherche à se créer un « espace vital » paraît vouloir respecter d'abord les autres races dans une sorte d'indifférence méprisante, et pour qu'elles ne viennent pas souiller un sang qui est plus pur. Mais du mépris, on passe vite à l'asservissement, et de l'espace vital à la domination de la terre. C'est le châtiment de toute puissance instinctive, lorsqu'elle prétend être notre unique loi, d'être incapable de s'arrêter, de passer toujours toute mesure. Dès lors tout lui est bon : l'infidélité aux traités se justifie par les exigences du devenir ; la guerre est l'épreuve de la force, qui est la suprême valeur ; la propagande ne doit avoir d'égards qu'au succès, et jamais au droit des autres. Et M. Blondel cite ce texte de *Mein Kampf*, l'un des plus odieux du livre : « Aussitôt que notre propre propagande conserve à la partie adverse une faible lueur de bon droit, la base se trouve déjà posée pour douter de notre propre bon droit... Toute propagande doit être populaire et placer son niveau spirituel dans la limite des facultés d'assimilation des plus bornés parmi ceux auxquels elle peut s'adresser. »

Telle est la doctrine contre laquelle combattent les peuples qui veulent mettre la vérité au-dessus de la fraude, le droit au-dessus de la force, la liberté des individus au-dessus d'une cohésion que la contrainte seule pourrait obtenir. Le vœu le plus profond que l'on puisse formuler, c'est qu'ils ne manquent jamais à cet idéal pour lequel ils sont entrés en guerre. Pourtant, contrairement aux paroles que nous venons de citer, la force véritable est toujours de rendre justice à l'adversaire : nous savons estimer à leur prix l'unité, la discipline, le dévouement à la chose publique qui sont pour lui les vertus les plus hautes. Le propre des régimes de liberté, c'est de refuser d'en acheter l'apparence par des moyens si brutaux : aussi risquent-ils toujours de les mettre en péril. Et c'est lorsque le risque devient trop grave que les régimes d'autorité parviennent à s'établir. Car le plus difficile pour l'homme, c'est de ne pas confondre la vérité avec l'opinion, le droit avec l'égoïsme, et la liberté avec le caprice. Ce sont des biens spirituels dont une volonté droite doit contrôler l'usage, faute de quoi la violence intervient un jour qui les abolit pour mettre à la place un ordre matériel qui n'est pas toujours l'image, mais parfois la subversion de l'ordre véritable.

Les régimes de liberté donnent pour fonction à l'autorité de sauvegarder le respect de la personne et la possibilité de son épanouissement. Ils mettent l'Etat au service de la conscience humaine et non la conscience humaine au service de l'Etat. Mais nul ne peut contester que cette défense de la personne ne soit toujours la tâche la plus urgente de l'Etat : car, d'une part, la personne est faible et toujours menacée, et d'autre part c'est seulement dans ce rapport avec la personne sur laquelle il ne cesse de veiller que l'Etat légitime et spiritualise la force même dont il dispose. Si ce rapport est aboli, l'Etat devient une sorte de monstre, « le plus froid, disait Nietzsche, de tous les monstres froids ». Mais il arrive que l'Etat ait à se défendre contre la personne elle-même qui use mal de la puissance qu'il cherche à lui garantir et qui la retourne contre l'Etat lui-même en l'empêchant de remplir cette fonction sans laquelle elle aurait vite fait de périr. C'est ainsi que les abus de la liberté préparent les abus de l'autorité. Car il y a deux libertés qui sont pour ainsi dire de sens contraire : l'une qui n'est qu'une facilité à laquelle on s'abandonne, l'autre qui est une responsabilité que l'on revendique. Mais quand la première l'emporte sur la seconde, les régimes de liberté contribuent à la ruine de la civilisation par l'impossibilité de modérer l'égoïsme individuel, tout autant que les régimes d'autorité par l'impossibilité de modérer l'égoïsme national ; c'est par là aussi qu'ils donnent à la guerre une sorte d'ouverture dès que les puissances de proie pensent qu'ils offriront une moindre résistance à leurs entreprises.

Le devoir du philosophe n'est pas de se substituer au politique dont le rôle est, comme l'a montré admirablement Platon, d'assurer la force et le bien-être de la cité en introduisant en elle la mesure, où la liberté se compose avec l'autorité, et les libertés les unes avec les autres. Pendant la guerre comme pendant la paix, il n'a pas d'autre mission que de rechercher la source des maux qui accablent l'humanité, et le remède intérieur qui permet de les supporter ou de les vaincre. Son rôle est toujours de témoigner que les hommes se rendent eux-mêmes misérables par cette poursuite exclusive des biens matériels dont la possession ne peut suffire à les contenter et qui n'ont de valeur qu'en leur fournissant la condition de leur accroissement spirituel. M. Blondel nous montre comment la liberté d'un côté se rend esclave si elle cherche seulement les avantages du corps et des sens, ce qui ne peut manquer de produire à l'intérieur de la nation les conflits qui la déchirent ; comment le totalitarisme, de l'autre, reste malgré le nom qu'il se donne, le plus étroitement borné de tous les régimes aussi longtemps qu'il refuse de participer à cette unité du genre humain où tous les êtres vivent les uns pour les autres et les uns par les autres. Il y a là deux erreurs de sens opposé, mais qui ont la même origine. Et c'est quand la civilisation s'est retirée du cœur de l'homme qu'il faut aller la défendre sur les champs de bataille, car c'est la paix des âmes qui seule peut produire la paix des peuples.

L'humanité a toujours cherché à réaliser son unité. Mais la seule unité pleine et vivante est celle qui intègre les différences, au lieu de les abolir. Chaque peuple apporte dans le monde non seulement la contribution de son effort et de son travail à une œuvre qui est commune à tous, mais encore une « note spirituelle originale » et irremplaçable, trop précieuse pour qu'on la méprise ou qu'on la sacrifie. Ainsi le devoir des grandes nations à l'égard des petites, c'est de les sauver, afin que rien ne se perde de tous les trésors de l'admirable diversité humaine. Que dire de ces minorités qui se plaisent dans un autre pays où elles sont depuis longtemps établies et que l'on ramène par la force dans leur patrie d'origine, en anéantissant cette fonction qu'elles remplissaient dans le monde de contribuer à l'enrichissement des peuples les plus différents entre eux par une mutuelle communication ? La différence, dès qu'elle est respectée, est toujours près de se transformer en don ; l'égoïsme seul, qui ne la tolère pas, en fait un motif de haine.

Ainsi, la civilisation n'est pas en danger, comme on le croit trop souvent, parce que la guerre est venue qui menace de l'engloutir. Mais la guerre est venue parce que cette volonté spirituelle dont la civilisation a toujours besoin pour se maintenir a tout à coup fléchi, et que les instincts les plus primitifs de domination ou de jouissance ont fini par l'emporter sur elle. M. Blondel, avec son habituelle générosité, nous montre comment il nous importe de la restaurer : ce qui n'est possible qu'à condition que, dans la pratique de tous les jours, et non pas seulement dans une aspiration et un regret stériles et inefficaces, nous cherchions à obtenir d'une amitié humaine retrouvée ce que la force et la haine seront à jamais incapables de nous donner. Ce que nous devons apprendre de nouveau à travers la lutte, l'épreuve, la souffrance, c'est à aimer et à rendre vivantes, à promouvoir en nous et autour de nous toutes les valeurs auxquelles nous avons montré au début que le nom de civilisation est attaché, c'est-à-dire ce respect, cette bienveillance et cette confiance entre les hommes, cette *caritas generis humani*, qui nous permettent de penser encore « que l'homme est une douce et précieuse chose pour l'homme ». Cela ne détournera pas nos yeux de la guerre, mais nous obligera au contraire à méditer cette formule que nous propose M. Blondel, « que la guerre n'est un droit que lorsqu'elle devient un devoir, devoir de protéger les âmes comme les corps, fût-ce par le sacrifice des corps pour sauver les âmes ».

13 janvier 1940.

TROISIÈME PARTIE

Chapitre I
LE RETOUR AU SPIRITUALISME

La philosophie est un débat entre le positivisme et le spiritualisme : et si ce débat est éternel, c'est parce qu'il est au fond même du cœur humain. Il est vain de penser qu'il pourrait un jour être clos par la victoire de l'un des partis : car ce n'est pas seulement un conflit entre deux doctrines, c'est un conflit entre deux êtres qui habitent en chacun de nous ; et les plus humbles problèmes de la vie quotidienne suffisent à le faire renaître. Nous le tranchons en faveur du positivisme chaque fois que les choses nous entraînent et nous asservissent, et en faveur du spiritualisme chaque fois que notre vie intérieure, se plaçant au-dessus d'elles, les met au service de son propre développement. Nous oscillons sans cesse entre cette défiance à l'égard de nous-mêmes qui nous fait accorder aux choses une existence dont nous subissons la loi, et cette ardeur secrète par laquelle nous cherchons, non seulement à les dominer, mais à en faire les véhicules de notre intelligence et de notre amour. Le positivisme et le spiritualisme l'emportent en nous tour à tour selon l'état de notre courage.

Mais la lutte qui se poursuit entre eux n'est pas égale : car le positivisme fait appel à ce que l'on peut voir et toucher, de telle sorte qu'il impose encore sa vérité à la conscience la plus débile ; et il demande à toute conscience de se faire elle-même débile afin d'obtenir son assentiment. La science presque toujours en devient complice : car elle demande elle aussi que l'esprit se subordonne à l'objet ; et elle se prolonge par la technique, qui, en nous permettant de tout recevoir du dehors, encourage notre inertie et semble réduire l'esprit à dépenser toute son activité pour préparer sa propre disparition. Mais l'esprit ne peut pas être montré comme une chose. Sa fin est en lui et non hors de lui. A travers la science, l'art, la morale, la religion, il cherche toujours une libération de lui-même, qui doit être aussi une conquête et un dépassement ininterrompus. Aussi, la vérité du spiritualisme ne peut jamais être constatée, précisément parce qu'il dépend de nous de la faire. Il suppose en nous un consentement qu'il faut toujours donner, un élan qu'il faut toujours promouvoir. Dès que notre conscience commence à fléchir, elle se laisse envahir par le déterminisme, et le positivisme est du même coup accepté et vérifié.

On comprend très bien que les admirables succès de la science à l'époque moderne aient fait reculer la philosophie, qui est devenue pendant un certain temps la servante de la science, comme elle avait été autrefois la servante de la théologie. L'esprit s'éclipsait alors devant son ouvrage quand il aurait dû en régler l'emploi pour redevenir lui-même plus libre et plus fort. Nul, il est vrai, n'avait su marquer avec plus de précision et de délicatesse que M. Bergson les limites que la science ne doit jamais franchir sous peine d'opprimer la vie spirituelle, au lieu de l'épanouir. Mais on observe aujourd'hui en France, et dans tous les pays du monde, une renaissance du spiritualisme destiné à compenser l'état d'insécurité, de désordre et de violence auquel la plupart des consciences paraissent être livrées, car l'esprit ne veut pas mourir et c'est dans les contraintes les plus étroites qu'il produit ses jets les plus beaux.

*

On le voit bien par l'exemple de M. René Le Senne, l'un des plus originaux et des plus vigoureux parmi tous les philosophes de notre temps. Ses ouvrages antérieurs, *Introduction à la philosophie*, *le Devoir*, étaient marqués par l'influence très profonde d'Hamelin ; pourtant ses préoccupations morales l'obligeaient déjà à s'affranchir de l'idéalisme spéculatif pour le dépasser. Sous le titre *Obstacle et Valeur*, il nous donne de sa philosophie un exposé d'ensemble qui est d'une force et d'une ampleur extrêmement remarquables. On tromperait le lecteur si on disait que le livre est facile à lire ; mais on ne le trompera pas en lui disant que, s'il consent à faire cet effort sans lequel aucune pensée ne saurait nous fortifier et nous nourrir, il sera récompensé au delà de toute attente. Il y a dans cet ouvrage une richesse et même un foisonnement extraordinaire de pensées qui doivent permettre à tous les esprits d'y découvrir un bien qui leur est propre, à condition toutefois qu'ils ne s'attardent pas trop à jouir d'un tel accord : car l'auteur, qui ne veut rien exclure, se prête à toutes les attitudes de la conscience, mais limite et combat chacune d'elles à partir du moment où elle prétendrait exclure toutes les autres.

De là ce merveilleux exercice d'assouplissement qu'il impose à notre attention, ce train d'enfer avec lequel il nous mène, cet art presque romantique avec lequel il dramatise tous les conflits d'idées ou de sentiments en les situant au cœur même du moi vivant, cette vivacité presque polémique par laquelle il expose les thèses contraires, mais afin de les pousser encore et les dépasser, cette mobilité presque tumultueuse, et pourtant réglée, par laquelle il attire notre regard sur chaque chose, mais en nous interdisant de le fixer sur aucune. On trouve parfois qu'il se dérobe comme Protée, quand on pense le saisir : mais ce n'est pas parce qu'il se refuse à rien affirmer, ou parce qu'il se défie de toute construction ; c'est parce qu'il a le sentiment toujours présent de l'infinité de l'esprit, et parce qu'il garde toujours une inquiétude qu'il ne veut pas vaincre, mais qui ne fait qu'un avec l'élan même qui le porte à poursuivre un Tout sans cesse plus lointain ; c'est, en un mot, parce qu'il veut sauvegarder le jeu de cette liberté qui est pour lui notre existence même, qui ne se refuse à aucune possibilité, dont la faculté d'invention est incapable de tarir, et qui ne veut rien laisser perdre de toutes les richesses que l'expérience ne manque jamais de lui offrir. C'est l'apaisement qu'il redouterait plus fort que tout au monde s'il ne parvenait encore à lui faire une place en voyant en lui tantôt une promesse qui nous encourage, tantôt un équilibre qui nous fortifie. La seule idée qu'il repousse sans aucune réserve, c'est l'idée d'un monde achevé ou qui pourrait, à un certain moment, se clore sur lui-même. Ce serait un monde inerte et déjà mort ; il faut qu'il demeure toujours ouvert sur un infini qui n'est qu'un autre nom de la puissance même de l'esprit créateur. Nous sommes devant une philosophie de la possibilité infinie.

Et pourtant cette philosophie, loin de tourner le dos à l'expérience, prétend s'établir en elle, la décrire avec fidélité, en s'interdisant seulement de la falsifier ou de la mutiler. « La vocation de la philosophie est à la fois la plus précieuse et la plus ingénue : c'est d'écarter toutes les partialités et toutes les déformations en ramenant vers l'expérience de la réalité comme elle est donnée. » Seulement cette expérience n'est pas celle du positivisme qui se réduit à la constatation de l'objet : ce qu'elle nous donne, ce sont toutes les opérations de la conscience, y compris celles par lesquelles l'objet est posé ; mais la douleur, l'amour, la raison et la foi sont aussi des éléments de mon expérience, des témoins, des garants de l'existence que je me donne à moi-même, dont j'assume la responsabilité en assumant par là même ma responsabilité à l'égard de tout ce qui est. Dès qu'on l'oublie, « la philosophie s'anémie et meurt, et, en même temps que la vérité est tournée en raison de ne plus penser, l'homme perd insensiblement le sentiment de son existence, si son existence consiste à s'engager dans ce qu'il fait et ce qu'il dit avec toutes ses puissances et toutes ses aspirations, à jeter dans la partie plus que sa tête, son âme. Il ne faut pas que la civilisation étouffe les hommes, et s'il ne s'agit pas de les rendre à l'isolement et à la brutalité de l'animal sauvage, il n'est pas non plus souhaitable de les rabaisser à la misère des animaux domestiques, serait-ce pour en faire des animaux savants ». C'est parce que le positivisme est une restriction et une humiliation de l'expérience que « la philosophie doit être la protestation habituelle de l'esprit contre le positivisme. La poésie, le système de Spinoza, la dialectique de l'argument ontologique, un coucher de soleil, la colère, la vie de Saint Jean de la Croix, la flânerie, sont aussi indiscutablement des expériences qu'aucune mesure au cathétomètre ». Mais s'il y a une expérience totale, il y a aussi une unité de l'expérience dont on n'épuisera jamais les aspects, dans laquelle on n'achèvera jamais de tracer des perspectives nouvelles.

On pressent déjà qu'il doit y avoir dans cette expérience touffue et surabondante un principe qui nous guide et qui nous permet de reconnaître ce que nous devons toujours préférer. Or, ce principe, c'est l'esprit, dont la destinée est partout en jeu et qu'il ne faut jamais manquer de servir : « La philosophie n'est pas faite pour rien abolir, mais pour tout spiritualiser. » Seulement, le mouvement de l'esprit est tantôt interrompu et brisé : c'est qu'il a rencontré l'obstacle qu'il doit dépasser ; tantôt ranimé et pour ainsi dire libéré : c'est qu'il a rencontré la valeur qui est le principe de toute force, de toute confiance et de toute joie.

S'il n'y a rien à chercher au delà de l'expérience totale donnée ou éventuelle, c'est en elle que l'obstacle et la valeur doivent à la fois s'opposer et s'unir. Cette opposition et cette union ne peuvent se réaliser que par la conscience, ou plutôt par ce « je » qui la fait être et que nous retrouvons partout où il existe un objet d'expérience, qu'il s'agisse d'une simple chose, d'un être comme nous, de nous-même ou de Dieu. Car ce « je » ne peut être nulle part sans être partout. Devant agir ici ou là, il n'agit jamais qu'en lui-même. Tout ce qui est donné lui est donné, mais il est toujours au delà de tout ce qui est donné. Il y a en lui un caractère de *sublimité* par lequel il surpasse toujours tout ce qui est, et, en demeurant le principe de tout ce que notre expérience peut nous offrir d'achevé ou de parfait, nous emporte toujours au delà.

Ce « je » pourtant ne se distinguerait point d'une spontanéité à peine consciente, d'une expansion presque instinctive, d'un rêve vécu, et de cette sympathie à demi physique par laquelle notre propre corps se prolonge dans le corps du monde et trouve toujours en lui une réponse et un écho, si tout à coup il ne se heurtait pas contre l'obstacle qui arrête son élan, rompt son unité et fait jaillir tous les problèmes que la vie nous impose avec la lumière et la force qui nous permettent de les résoudre. L'obstacle produit en nous une « fêlure », mais qui nous oblige, pour reconquérir l'unité perdue, à fonder notre existence personnelle en découpant notre expérience propre à l'intérieur de l'expérience infinie. L'obstacle, c'est ce qui ne dépend pas de nous : il fait le sérieux de la vie et doit être lui-même pris au sérieux. Il est la marque de la volonté de Dieu, mais non point encore de sa grâce. Il nous surprend, et cette surprise se change aussitôt en angoisse. « Une corde du violon casse pendant que le violoniste joue, écoute et vit la sonate ; une parole, révélant l'indifférence, déchire le cœur lyrique de l'amant ; l'accident d'une personne chère anéantit la joie de vivre ; un fait interrompt l'exploitation d'une hypothèse en la démentant ; la pensée de la mort réveille de toute espérance. » Mais la conscience rebondit sur l'obstacle, et ses inventions les plus belles ont pour objet d'en faire un moyen de son propre progrès. La science le convertit en un instrument que les lois de causalité lui permettront d'utiliser, l'art en une image que l'on contemple pour en jouir, la religion en l'effet d'une faute qu'il nous faut racheter, en un avertissement divin qu'il nous faut entendre.

*

Mais le regard ne vient buter contre l'obstacle que pour être tourné ensuite vers la valeur. Devant l'obstacle le « je » n'était qu'un moi refermé sur lui-même, opprimé et misérable. Dès qu'il découvre la valeur, Dieu lui apparaît et l'inspire : et sa propre vie s'ouvre sur l'infini. Beaucoup d'hommes n'ont le sentiment de rencontrer ce qui est que lorsque l'obstacle est devant eux ; ils ne connaissent de la vie que sa limitation, sur laquelle ils ne cessent de gémir. C'est contre eux et en même temps pour eux que la philosophie doit donner un sens à l'affirmation de ce qui n'est pas, c'est-à-dire de l'avenir et du possible, qui ne cessent à la fois de les appeler et de les obliger. On ne se laissera donc point troubler par ces déclarations réitérées dans lesquelles M. Le Senne semble plaider en faveur de la réalité du néant : « L'obscurité se voit, le silence élargit la conscience et étonne, l'angoisse étourdit, les morts nous hantent. » Le néant dont il nous parle est une source, et il doit être préféré à l'être même, si l'être est un être donné et achevé et destiné à demeurer fixe et immobile. « L'être pourra apporter sécurité et progrès : il faudra le non-être pour apporter délivrance et perspectives : l'expérience doit être nostalgie et aventure. »

Cependant, ces mots de nostalgie et d'aventure n'expriment pas toute la pensée de M. Le Senne. Non point qu'ils ne décèlent un certain frémissement romantique auquel il est loin de rester insensible. Mais la nostalgie et l'aventure ne peuvent nous émouvoir que par leur indétermination même. Notre vie ne se borne pas à palpiter dans le risque et l'attente. La valeur, sans abolir cette indétermination, l'oriente : et notre vie n'a de sens que parce qu'elle met sans cesse cette valeur à l'épreuve. La valeur répugne à toute définition : elle ne se laisse pas circonscrire comme un objet ou une idée ; elle est sentie plutôt que pensée ; on ne la rencontre pas comme une pierre sur son chemin, mais elle enveloppe tout notre être de telle sorte qu'on peut la dire « atmosphérique », c'est-à-dire incapable de recevoir aucun corps, si subtil qu'on l'imagine. Elle anime toute notre vie, mais elle ne se montre jamais, car elle n'est pas une idole. Aussi faut-il dire la valeur et non point les valeurs, comme on le fait parfois. C'est qu'elle met le moi en rapport avec le Tout, c'est-à-dire non point avec le monde considéré comme déjà réalisé, mais avec l'Esprit considéré comme une pensée et une volonté qui ne cessent jamais d'agir. On voit que la valeur nous subordonne et même nous humilie par son caractère essentiellement inaccessible. Mais l'amour de la valeur est notre âme elle-même.

Il ne faut pas croire d'ailleurs que l'expérience de la valeur ne laisse désormais pénétrer en nous que la joie, la paix et la lumière. Nous aurions trop de choses à perdre ou à regretter. Cette expérience reste fertile en tribulations. Il suffit que la valeur lui demeure omniprésente « comme une tempête unifie tous les remous qui en constituent le tumulte ». L'essentiel, c'est que la valeur nous met en contact avec l'Absolu ; et il y a en chacun de nous une participation à l'absolu qui s'exprime par un *sens de la valeur* dont la sûreté et la délicatesse doivent croître comme cette participation elle-même.

On comprend dès lors que la seule manière de connaître la valeur, ce soit de la mettre en œuvre, c'est-à-dire de valoir. La valeur est le principe de cette création infinie « dont nous devons saisir la pointe en toutes choses ». Et le devoir est encore là quand la grâce nous manque, « car le cœur de l'homme n'est pas assez grand pour qu'il n'ait pas à faire par devoir ce qu'il ne peut pas faire par amour ».

A tout moment la valeur interroge l'homme. Il dépend de lui de la trahir ou de lui demeurer fidèle, de s'avilir en tombant au niveau de la nature ou de s'ennoblir en participant à la vie de l'esprit. Toute la différence entre les hommes s'exprime par la subordination de l'intérêt à la valeur ou de la valeur à l'intérêt. « Ce que tout le monde appelle le moi, c'est cette ambiguïté impossible à briser, qui peut tantôt consentir à la matière, tantôt consentir à Dieu ; et de ces consentements qu'elle compose toujours de quelque manière, l'un exprime son impuissance, l'autre fait sa puissance. C'est une éternité de recherches. Il est dans la mesure de ses moyens responsable de lui-même et des événements. » On dira donc du positivisme qu'il est une doctrine dans laquelle l'attention à la valeur est éclipsée par l'attention aux choses, mais que le spiritualisme est vrai à raison de ce que nous obtenons de valeur dans nos sentiments, dans nos pensées et dans nos actes.

Telle est cette philosophie qui, dans un langage tout à la fois heurté, abstrait, mobile et ardent, retrouve tous les thèmes de la philosophie éternelle, thèmes toujours menacés de périr et qui rencontrent rarement une conscience assez forte pour leur redonner la vie. *Obstacle et valeur* ne nous apporte pas un nouveau système de philosophie ; l'auteur même s'en défend, puisqu'il dit au contraire que c'est « en débordant toute philosophie qu'on sauve la philosophie » et qu' « une doctrine n'est jamais que le visage par lequel une certaine manière de penser et de vivre, comme l'amour dans le regard, cherche à se faire deviner ». Il ne dissimule jamais les difficultés ni les traverses que la vie de l'esprit trouve à chaque instant sous ses pas. Mais c'est que « les hommes ne connaissent le prix de la grâce que parce qu'elle leur manque souvent. Seulement, le paradis perdu garantit la terre promise. »

24 février 1935.

TROISIÈME PARTIE

Chapitre II
LA SAGESSE SUR LA PLACE

Les temps troublés sont fertiles en prophètes. Après toutes les grandes commotions qui ébranlent la paix sociale, retirent à l'individu sa sécurité et l'alarment sur sa destinée, l'humanité voit apparaître des guides spirituels auxquels elle demande de lui apporter une nouvelle révélation. Elle se porte au-devant de tous ceux qui prétendent encore lui découvrir le sens de la vie quand les valeurs traditionnelles menacent ruine, qui ouvrent à son espérance un horizon plein de promesses quand l'avenir semble nous opposer une barrière de ténèbres, qui nous invitent à percevoir au fond de nous-mêmes un principe de régénération et de salut quand le jeu des forces matérielles est près de nous accabler. Ainsi s'explique l'extraordinaire succès obtenu par le comte Hermann de Keyserling qui, depuis la guerre, ne cesse de poursuivre à travers le monde une sorte de croisade de la sagesse.

Ce gentilhomme balte est un inspiré. Il ne se reconnaît pas seulement une vocation, mais une mission. Il aspire à exercer sur autrui une puissance de suggestion et même de fascination qu'il semble bien difficile de lui refuser, puisque tant d'hommes la subissent. C'est un prophète et un mage. Il a beaucoup voyagé et son âme ne s'est sentie étrangère sous aucun climat. Il possède une aptitude merveilleuse à communier avec la nature entière, à se laisser féconder par les rencontres les plus dissemblables. Il a fondé à Darmstadt une « école de sagesse » où les disciples les plus divers viennent puiser dans une source commune la sève qui les vivifie, en faisant l'apprentissage mutuel de leurs puissances spirituelles : ils retournent ensuite à leurs occupations journalières, qui doivent recevoir d'un tel séjour une clarté qui les illumine et les transfigure.

Il n'y a point une seule voie d'accès auprès des autres consciences que Keyserling accepte de négliger. C'est un écrivain d'une grande fécondité, dont les livres ont d'innombrables lecteurs : en France même les traductions du *Journal de voyage d'un philosophe* ou de l'*Analyse spectrale de l'Europe* retiennent l'attention d'un public étendu. Et pourtant l'écriture a pour lui moins de prestige et d'efficacité que la parole. Sans doute le livre passe de main en main, capte la pensée que la parole laisse échapper presque aussitôt et lui donne une sorte de majesté immobile qui, au lieu de rendre l'esprit inerte, contribue au contraire à l'émouvoir et à le ravir. Mais la parole dispose d'autres avantages : elle est inséparable de la présence personnelle ; il y a en elle une réalité charnelle, un accent et une vie dont on ne retrouve dans l'écriture que l'écho adouci. Elle nous fait assister pour ainsi dire à l'émission de la pensée elle-même ; elle nous rapproche du foyer où cette pensée jaillit et semble la porter parfois comme un trait de flamme dans l'âme attentive de celui qui écoute. La parole est le mode d'expression qui convient le mieux à tous ceux qui, comme Keyserling, cherchent à obtenir un contact immédiat avec autrui, qui mettent leur confiance dans une sorte d'action magnétique qu'ils croient être capables de produire, et qui gardent le souvenir que les dialogues de Platon n'ont point effacé les entretiens de Socrate ni les épîtres de saint Paul les paraboles de Jésus.

Aussi voit-on le sage moderne parcourir les deux continents, rassembler de vastes auditoires, s'adresser aux différentes nations dans la langue qui leur est propre, et chercher à obtenir avec tous les hommes une communication actuelle, en les obligeant à éprouver directement la qualité et la bienfaisance du message qu'il leur apporte. Les Slaves et les Germains, les Anglo-Saxons et les Latins reçoivent tour à tour la bonne nouvelle. Récemment encore l'Amérique du sud lui réservait un accueil chaleureux. Et hier le public parisien pouvait écouter au Trocadéro, avec une sympathie mêlée d'un peu d'étonnement, trois conférences d'initiation dans lesquelles, sans cesser de sentir avec l'orateur une certaine communauté d'aspiration, il éprouvait pourtant une sorte de désappointement à ne discerner dans ses paroles qu'une lumière un peu diffuse et une foi un peu tumultueuse.

*

Il serait injuste de vouloir demander à Keyserling ce qu'il ne prétend pas nous donner. Peut-être est-ce lui faire tort que d'en faire un philosophe. Il n'a point de système : ses idées ont un contour incertain. Elles se réduisent à des appels ou à des élans qui se dissoudraient s'ils pouvaient aboutir. Il ne cherche point l'audience des hommes de pensée : leur domaine n'est pas le sien. Il se méfie des « intellectuels », dont il juge que l'intelligence les a fuis parce qu'elle refuse de se laisser emprisonner dans le mécanisme de leurs méthodes. L'enchaînement logique des idées ne le tente pas : il renvoie à Husserl tous ceux qui éprouvent un pareil besoin. On peut dire qu'il cherche à éveiller, à ébranler, à féconder les âmes plutôt qu'à leur distribuer un enseignement ou une nourriture. Ce sont là les principales raisons de son succès, s'il est vrai de dire que la conscience commune n'accède à la vie de l'esprit que par une sorte d'ivresse et si elle recule devant les entreprises délicates qu'il faut accomplir pour appréhender les idées sans rien leur ôter de leur subtilité ni de leur duvet.

Une prédication ne peut atteindre un grand nombre d'hommes que si elle s'adresse aux puissances de la vie affective plutôt qu'aux puissances de la vie rationnelle. Mais n'est-il pas légitime de frapper la raison d'une véritable suspicion si, pour nous assurer la domination de la matière, elle met en œuvre des moyens qui à la fin nous rendent esclaves ? Ces moyens sont le concept, dans l'ordre théorique, la machine, dans l'ordre pratique : ils nous assujettissent à leurs exigences ; nous sommes devenus des fonctionnaires qui les servent. Si la raison est d'abord une faculté d'invention, capable de nous libérer de la tutelle de l'instinct, ses succès accumulés créent un nouvel automatisme auquel nous sommes sur le point de succomber : ainsi l'humanité est menacée de devenir un peuple d'insectes, de hannetons ou de termites. Et la vie tend à perdre sa signification : car toute signification est intérieure et il nous appartient à chaque instant de la ressusciter. Qui pourrait ne point se sentir d'accord avec de telles affirmations, à condition peut-être de les nuancer, même si elles deviennent moins saisissantes ? Qui pourrait refuser d'écouter une voix qui nous invite à nous délivrer d'un péril aussi grand ?

Nous ne pouvons pas nous empêcher de reconnaître dans le cri d'alarme de Keyserling un écho retentissant de cette théorie de la science à laquelle on a donné le nom de pragmatisme et dont Bergson a dégagé le principe avec une singulière netteté. Si la science ne nous permet point de pénétrer l'essence du réel, si elle multiplie seulement les moyens d'action par lesquels notre corps prend possession des objets qui l'entourent, il est impossible qu'elle nous suffise. Elle nous détourne de la vie, qui est une création inépuisable, pour appliquer notre attention à des artifices ingénieux qui nous sont utiles. Mais nous ne laisserons point notre activité intérieure se consumer dans leur emploi. Nous saurons nous replier assez profondément sur nous-mêmes pour retrouver la source où cette activité s'alimente. Nous aurons assez de courage pour remonter inlassablement cette pente qui entraîne la pensée vivante à produire sans cesse de nouveaux mécanismes par lesquels elle se laisse enchaîner. Aujourd'hui la civilisation américaine nous offre d'une manière pressante l'image du danger contre lequel nous devons nous défendre. Nul ne consentira à s'y laisser précipiter. Les partisans les plus ardents d'une organisation technique de tout l'univers ne prétendent fournir à l'humanité que des moyens particulièrement puissants, mais dont il appartient à notre initiative spirituelle de faire un bon usage. Dans aucun cas une telle organisation ne peut avoir en elle-même sa propre raison d'être. De tout temps on a vu l'ouvrier sur le point d'être submergé par son œuvre et l'inventeur par son invention. L'acte de volonté le plus élémentaire est le commencement d'une habitude qui abolit la conscience et ligote la liberté. Mais la vie ne peut se maintenir qu'à condition de lutter sans trêve à la fois contre les obstacles qui l'arrêtent et contre les succès qui la rassurent. C'est que tous les obstacles doivent être surmontés et tous les succès dépassés. L'ère mécanique ne peut point être condamnée, du moins si, dans chacune de ses démarches, nous savons discerner à la fois la présence de l'acte intellectuel qui l'engendre, la condition d'un nouveau progrès, l'instrument d'un perfectionnement intérieur et le moyen d'accroître indéfiniment la puissance de notre corps, qui nous servira à réaliser une communication de plus en plus étroite avec les autres êtres et avec tout l'univers.

Pour cela il faut que la science soit subordonnée à la sagesse. Or la sagesse a plus de prix que la philosophie, s'il est vrai que la philosophie n'est que la recherche et l'amour de la sagesse : seulement les disputes subtiles des philosophes ont fini par retenir toutes leurs forces, au point de leur faire oublier le bien même qui en était l'enjeu. A l'inverse de ce que croyaient les Grecs, la sagesse nous apparaît souvent comme plus accessible que la philosophie elle-même. Ne réside-t-elle pas en réalité dans une pure disposition intérieure ? Loin d'être l'effet du savoir, le savoir lui est inutile : et quand il est donné, c'est elle seule qui en règle l'application. La sagesse nous paraît inséparable de la modération, de la paix intérieure, du bonheur, d'un équilibre difficile à troubler et d'un effort pour dominer les puissances de l'âme plutôt que les forces de la nature. Lorsque Maeterlinck rapprochait l'une de l'autre « la sagesse et la destinée », c'était pour montrer que la sagesse est une attitude de l'âme qui nous permet d'apprivoiser la destinée, de l'accepter, de l'éclairer, et peut-être d'en infléchir le cours.

On retrouve chez Keyserling quelques-uns de ces traits, bien que l'accent chez lui soit tout autre, qu'il nous soit difficile de réconcilier le visage du prophète avec celui du sage, et qu'il y ait dans la sagesse une mesure qui lui fait défaut. On le voit bien par la confiance qu'il montre en lui-même, par la hardiesse avec laquelle il survole l'espace et le temps, rapproche l'Orient et l'Occident, définit le génie des différents peuples et découpe en ères successives l'histoire de l'humanité. Il vit familièrement avec le Bouddha comme avec le Christ. Il se défend d'emprunter aux Hindous les modèles de la sagesse occidentale ; mais il est séduit par eux comme l'avait été Schopenhauer ; il faut tâcher, en les fréquentant, d'acquérir cette concentration de l'âme sur elle-même qu'ils ont toujours visée et qui nous permettra aujourd'hui de donner une valeur intérieure à tous les biens matériels auxquels ils étaient restés indifférents. Il découvre dans le moyen âge un foyer de spiritualité qui n'est point encore éteint ou qu'il semble possible de rallumer. Enfin, il attribue à l'Allemagne une mission privilégiée dans la formation du monde nouveau, puisqu'il n'y a pas de nation qui possède plus de puissance industrielle ni plus de génie métaphysique, qu'elle souffre du conflit entre ces passions opposées, mais qu'il lui appartient, en les accordant, de réaliser dans l'âme de l'humanité une harmonie comparable à celle qui s'est établie un jour dans l'âme de Gœthe. Il est facile de reconnaître dans le goût de ces vastes fresques historiques certaines tendances traditionnelles de la pensée allemande : la sagesse toutefois devrait montrer plus de prudence ; son essence ne peut être de se tourner ainsi vers toutes les faces de l'horizon pour accueillir tous les souffles de l'esprit, mais de chercher à obtenir, dans le silence intérieur, un contact parfaitement pur avec une présence éternelle où notre être ne cesse de puiser la lumière qui l'éclaire et la confiance qui l'anime.

*

L'action exercée par Keyserling profite pourtant à la vie de l'esprit.

Elle nous découvre avec une puissance un peu barbare certaines vérités éternelles. Elle choque une pensée plus exigeante et plus fine, mais elle l'oblige à retrouver son élan primitif. En ce sens il ne faut point contester à Keyserling la réalité ni l'efficacité de la mission dont il s'est chargé. Il faut, pour le juger avec équité, lui accorder la même sympathie qu'il éprouve si généreusement pour tous les autres êtres. Il ne faut point se laisser retenir par tant de traits de sa nature qui contredisent notre goût français, mais qui expliquent l'étendue de son influence : par cet excès d'assurance qui lui donne son ascendant, par cette défiance à l'égard des idées claires et cette confusion pleine de promesses qui accroissent son pouvoir de suggestion, par cette absence de toute psychologie individuelle qui lui ouvre un accès immédiat dans l'âme collective, par ces visions qui embrassent les siècles et les races et mettent dans chacune de ses paroles un accent prophétique, ni même par le ton de révélation qu'il applique aux vérités les plus communes et qui permet à chaque conscience de s'émerveiller de les retrouver en elle.

Quand on isole le message de Keyserling de l'appareil bruyant qui l'environne afin d'en découvrir, sous une forme dépouillée, la vertu affirmative, notre vie intérieure trouve alors devant elle une réalité qui lui est plus familière. Si la recherche de la vérité suit toujours l'intérêt de prédilection, c'est qu'on ne peut connaître que ce que l'on aime. Il faut distinguer entre l'acte de savoir, qui nous laisse toujours extérieurs à son objet, et l'acte de comprendre, qui nous porte au-devant de lui et qui, nous faisant pénétrer en lui et le faisant pénétrer en nous, nous livre sa signification spirituelle. La « compréhension » est cette conjonction du connaissant et du connu à laquelle les penseurs contemporains donnent le nom d'intuition, mais que Keyserling, en reprenant le langage biblique, compare à l'union de l'homme et de la femme. La véritable intelligence exclut toute réflexion et toute discussion. Elle est une appréhension immédiate du réel : elle n'agit qu'au moment où elle le perçoit ; dès qu'elle entreprend de le fixer, elle se dissipe. La sagesse est une ouverture de l'âme qui livre accès en elle à l'intelligence et qui devient apte, en présence de l'univers, à tout aimer et à tout comprendre. Mais comprendre, ce n'est pas seulement découvrir le « sens » des choses, c'est leur en donner un. Toute connaissance est donc créatrice. Elle introduit dans le monde un élément de spiritualité et d'intimité qu'il appartient à notre conscience de produire indéfiniment. Ainsi le sens que nous sommes capables de donner à un objet exprime le niveau auquel notre conscience est parvenue : car la conscience est susceptible de différents niveaux auxquels correspondent, pour un même objet, autant de sens différents qui forment entre eux une échelle hiérarchique. L'essence de l'être est un système dans lequel tous ces sens s'interpénètrent et s'accordent. La nature n'en est que la figure visible : comme la grammaire, comme la logique, comme la science, elle appartient au domaine de l'expression. Mais une expression ne vaut que par l'abondance et la profondeur du sens qu'elle exprime. Entre elle et le sens il y a toujours un intervalle que l'on ne franchira jamais : elle est semblable aux images de nos rêves dont on donnera des interprétations plus ou moins pénétrantes selon que l'on sera parvenu plus ou moins loin dans la connaissance de notre vie cachée.

On pourra reconnaître dans ces analyses tantôt des traces d'une influence bergsonienne, puisque Bergson distingue lui aussi à l'intérieur de la conscience des plans différents qui s'étagent entre les mouvements expressifs par lesquels nous jouons notre vie dans l'espace sensible et cet acte de l'esprit pur qui nous permet de saisir à sa source même l'élan de la vie créatrice, tantôt des traces d'une influence freudienne, puisque l'univers tout entier est comme une masse d'inconscience qui, au lieu de demeurer le siège de tous les refoulements, doit se laisser pénétrer de plus en plus par la lumière et par l'amour. Comprendre, aimer, donner un sens à tout ce qui est, il ne peut y avoir pour la conscience de tâche plus belle. C'est à la sagesse de s'y consacrer ; mais il ne faut pas qu'elle reste une adjuration par laquelle on nous presse. C'est une œuvre attentive, patiente et silencieuse qui, au lieu de bannir les idées, nous fait habiter parmi elles. Elle demande autant de ferveur que d'humilité. Elle se détourne de la place publique : plus elle gagne de terrain, plus ses cheminements sont secrets.

12 avril 1931.

Chapitre III
PORTRAIT DU MORALISTE

Il faut faire le portrait du moraliste, qui fait le portrait de tout le monde et de lui-même. Car le moraliste, qui s'applique à la peinture de l'homme, occupe entre la littérature et la philosophie un domaine qu'elles réclament toutes deux ; en les rapprochant jusqu'à les confondre, il cherche à réunir leurs avantages et à compenser leurs faiblesses. Il dépouille la littérature du récit, de l'aventure, de l'ornement et du lyrisme, c'est-à-dire de toutes les séductions destinées à enchanter l'imagination ou à émouvoir la sensibilité ; il isole cette révélation de nous-mêmes qu'elle nous donne quelquefois dans ses plus belles rencontres et qui, derrière les actes du héros, nous fait toucher du doigt le secret de notre propre vie. Il cesse d'intéresser notre regard aux événements qui dissimulent notre être véritable au lieu de l'exprimer ; il fait tomber tous nos vêtements et découvre comme un corps nu notre intimité pure. A l'égard de la philosophie, le moraliste exerce un nouveau dépouillement : il lui retire cette armature logique par laquelle elle enserre la réalité, la domine en la contraignant, mais lui ôte si bien parfois la souplesse et la vie que l'on hésite à reconnaître, derrière le système, le visage familier qu'elle nous montre tous les jours. Le moraliste cherche à percevoir la nature de l'homme plutôt qu'à la déduire : mais il ne se distingue plus du philosophe quand celui-ci, faisant trêve à sa dialectique, nous rend tout à coup présents à nous-mêmes par un simple trait qui nous illumine. Le moraliste semble garder la substance commune de la littérature et de la philosophie : mais il ôte à la première l'ornement et à la seconde les épines.

Nul pays ne compte autant de moralistes que le nôtre, et il n'y a pas de genre littéraire où s'exprime mieux notre génie. Nous ne demandons guère au roman ou au théâtre de susciter en nous les puissances du rêve ni de nous engager dans les conflits tragiques où nous ne sommes plus que les victimes mystérieuses du Destin ; nous aimons surtout qu'on nous offre des situations à notre mesure, dans lesquelles nous retrouvons nos démarches les plus communes, où les forces qui nous sont opposées favorisent le jeu de nos pensées et de nos désirs, au lieu de les opprimer ou de les anéantir. Mais les œuvres que nous préférons peut-être sont celles qui ne craignent point de nous entretenir directement de l'homme, et par conséquent de nous-mêmes, sans avoir besoin de nous décrire les circonstances d'une vie particulière, qui nous découvrent seulement la racine de nos sentiments et de nos actions, et qui nous laissent le soin d'en suivre la croissance à travers les événements personnels que nous sommes seuls à connaître.

Montaigne ne nous parle que de lui, mais avec tant de lucidité familière et avec une attention si complaisante à son train quotidien qu'il nous montre en chacun de nous un Montaigne ignoré, jouissant de lui-même, sensible à la vie, content de se posséder plus qu'avide de se dépasser, et cherchant le bonheur dans la maîtrise tranquille de ses mouvements les plus naturels. Pascal nous ôte la sécurité : et dans son âme déchirée nous retrouvons l'angoisse qu'éveille en nous le sentiment de notre destinée et cette grande oscillation qui remplit l'horizon de notre existence et qui ne nous soulève d'une espérance infinie que pour nous faire retomber aussitôt dans les misères de notre amour-propre. De cet amour-propre qui ne cesse de nous blesser et de nous flatter, et qui trouve dans la bonté et dans la générosité ses formes les plus savantes, La Rochefoucauld, observateur cruel de la vie du monde, nous montre la présence subtile dans nos démarches les plus innocentes : et s'il nous atteint d'une pointe si aiguë, c'est moins parce qu'il nous apprend à douter d'autrui que parce qu'il nous donne de nous-mêmes un spectacle dénudé et impitoyable. Les portraits de La Bruyère rassemblent des traits épars empruntés au visage de tous les êtres que nous rencontrons ; le peintre est amer, il fixe avec une netteté incisive tous les plis que la frivolité ou la passion impriment à notre physionomie et à notre maintien ; et cette galerie où il nous promène, où défilent tant de types qui sont vrais sans être réels, et qui agissent avec tant de fidélité à eux-mêmes que la vie même leur semble retirée, nous inquiète sur le type qui déjà est en nous et qui se réalise sans doute à notre insu au moment même où nous avons encore l'illusion de délibérer et de choisir. Le jeune Vauvenargues lui-même, ambitieux et impuissant à satisfaire son ambition, plein d'amour et de regret pour l'action qui le déçoit, pour la gloire qui se refuse, poursuivant la gloire littéraire à défaut de l'autre, et si plein de confiance dans les passions dont il vante l'énergie et qu'il cherche à discipliner, réussit encore à éveiller en nous toutes les puissances qui remplissaient son âme généreuse, à nous faire sentir en nous la présence de tous ces élans que la vie ne cesse de comprimer, et auxquels nous donnons au fond de nous-mêmes une satisfaction illusoire et solitaire qui finit par nous paraître plus pure.

*

En général, le moraliste ne se met point en scène, au moins d'une manière directe et personnelle. Il n'écrit point un journal intime, ni des mémoires, ni des confessions. Et les événements qui lui sont arrivés ou même les sentiments qu'il a éprouvés ne le retiennent que parce qu'ils lui révèlent une vérité humaine, c'est-à-dire qui est commune à tous. C'est que les traits de notre nature ont beaucoup plus de force, de gravité et de puissance d'émotion quand ils deviennent indépendants des anecdotes qui les traduisent ; ils nous livrent alors une disposition constante de l'âme dont tous les hommes sentent en eux la présence et retrouvent l'application dans le moindre de leurs mouvements. Le moraliste a de l'éloignement pour ces documents purement individuels, et qui peuvent séduire à la fois le romancier avide de renouveler sa matière et d'attiser la curiosité et l'auteur qui se confesse, toujours replié sur cet être qui vit en lui, qu'il n'ausculte avec tant d'émotion que parce que précisément il est unique au monde. Il peut même arriver à l'inverse de Montaigne, qu'il se détourne avec une sorte de pudeur de ses propres singularités : et Montaigne ne s'y arrête ou ne s'y complaît que parce que, le goût qu'il y trouve, il est assuré que nous l'éprouvons pour les nôtres. Ainsi le moraliste dirige naturellement son regard vers les parties universelles de la nature humaine, et l'on peut penser que ce n'est pas seulement pour communiquer plus facilement avec autrui, mais pour établir lui-même sa propre vie dans cette région profonde où prennent naissance les sentiments essentiels et où tout souci d'originalité paraît frivole et dérisoire. Il ne peut donc aborder que ces thèmes éternels que tous les êtres méditent obscurément au fond de leur pensée et que le moindre événement se charge de rajeunir, à savoir la puissance de la vanité ou du désir, l'espérance du bonheur, la signification de la souffrance, les mouvements contraires de l'amour, de la jalousie ou de la haine, et l'idée toujours présente de la mort qui donne à tous nos sentiments leur caractère à la fois si aigu et si précaire. C'est toujours un péril pour un écrivain de se mesurer avec l'un de ces grands objets qui se trouvent toujours sous nos yeux, où il risque de montrer sa faiblesse s'il s'arrête à la surface, s'il ne dépasse pas l'opinion et même s'il n'atteint pas tout à fait le point où notre propre réflexion nous a déjà portés. Il faut donc, pour que le moraliste soit écouté, qu'il soit pour nous comme une conscience plus distincte, qu'il pénètre plus avant dans notre intimité que nous n'avions pu le faire seuls, qu'il nous rende notre vie cachée à la fois tout à fait nouvelle et tout à fait familière, et qu'il semble nous apporter une révélation alors qu'il ne nous apporte rien de plus que notre présence à nous-mêmes. Mais cela n'est possible que parce que le moraliste est d'abord attentif à soi, ne cesse de s'examiner et de se juger, s'intéresse moins à ce qu'il sent qu'à savoir qu'il le sent, sacrifie l'amour-propre à la lucidité, et, en découvrant les motifs qui le font agir, nous oblige à les découvrir en nous, presque sans l'avoir cherché.

Le moraliste regarde les autres avec la même perspicacité que lui-même. Il apprend à se connaître en eux aussi bien qu'en lui. Mais la vie intérieure d'autrui demeure close, et même elle se refuse à nous et se défend contre nous si nous tentons de la forcer : elle ne s'ouvre qu'à la sympathie, qui est moins une demande qu'un don et qui nous livre à un autre plus encore qu'elle ne nous le livre ; seule, semble-t-il, elle peut nous permettre de comprendre un autre être, c'est-à-dire de faire naître en nous, par une sorte d'identification avec lui, tous les sentiments qu'il éprouve. Le moraliste ne refuse point le secours de la sympathie, mais elle ne lui suffit pas ; il arrive même qu'il s'en défie et qu'il sente pour elle peu de propension. Il a peur qu'elle n'adoucisse son regard, qu'elle ne le rende moins acéré et même qu'elle ne le voile pour éviter qu'il fasse une blessure. Celui qui cherche à se connaître lui-même avec une exacte rigueur et qui souvent, par crainte de se farder, perçoit en lui avec plus de netteté le mal qui le retient que le bien qui l'attire, montre généralement peu d'indulgence pour autrui : il craint que la vérité ne lui échappe derrière l'apparence et qu'il ne se laisse tromper par un homme qui peut-être se trompe lui-même, comme il se trompe à son tour quand il suit sa propre pente. Et nous ne disons pas qu'il perd à l'égard des autres hommes toute sympathie, mais plutôt que cette sympathie prend une forme nouvelle, intellectuelle, amère et désabusée, et qu'elle se mue en un sentiment de cruelle fraternité.

Le moraliste n'a point de système et ne met pas sa confiance dans le raisonnement. Il a besoin d'un contact immédiat avec lui-même ou avec autrui pour saisir la vérité. Et il n'y réussit pas toujours. Il arrive souvent qu'un événement grave ou émouvant ne lui apporte aucune lumière et qu'un geste à peine sensible lui dévoile tout le cœur humain ; il lui faut, pour percevoir le sens caché de quelque démarche ou le motif universel qui l'explique, certaines circonstances privilégiées, une attention particulièrement présente, et peut-être une heureuse fortune. La lucidité est une grâce que la volonté ne suffit pas à produire. Aussi les moralistes sont-ils incapables d'un discours continu : ils écrivent des maximes, des observations, des réflexions ou des remarques qui n'ont de valeur que parce qu'elles sont une exacte transcription de certains traits de lumière dans lesquels l'être intérieur se découvre à eux tout à coup. De là le désordre de leurs œuvres, faites de vues successives entre lesquelles il n'y a pas toujours de lien ni même de cohérence : s'ils cherchent à y suppléer, c'est par un artifice qui ôte souvent à ces pensées dispersées leur force et leur éclat. Ils le savent bien, et ne consentent point à amortir par un développement le contact immédiat qu'ils ont obtenu : celui-ci leur apporte une révélation qui doit suffire à se justifier ; elle porte elle-même la marque de la vérité ; elle surpasse l'individu, le temps et le lieu ; elle est dépouillée comme une abstraction, mais sensible comme un être vivant ; et si on l'enferme dans des maximes où nul mot ne semble pouvoir se changer, c'est afin d'attester qu'elle ne change rien à l'aspect du réel, qu'elle n'y ajoute rien, surtout les grâces de l'expression, qu'elle se borne à nous le rendre présent avec une parfaite fidélité : c'est seulement quand la volonté s'efforce d'imiter la nature jusque dans cette sobriété que la simplicité de la maxime cède parfois la place à l'artifice du trait.

*

S'il fallait un exemple vivant qui nous permît de contrôler ce portrait du moraliste, M. Bernard Grasset pourrait nous le fournir. Homme d'action, incapable de séparer sa méditation sur l'homme des circonstances dans lesquelles sa vie est engagée, il écrit des *Remarques sur l'action* où il nous montre les déchirements que l'action impose à celui qui la sert, quand il ressent encore la curiosité de soi-même, le goût de la vie intérieure ou la volupté d'écrire. Mais en réfléchissant sur le besoin d'agir il montre en lui une forme du besoin de créer, et dans le besoin de créer une forme du besoin de donner. Ainsi la source de l'action ne peut être que dans le cœur : et la recherche même de la gloire ne fait que poursuivre « on ne sait quelle équivalence chimérique de l'amour ». *La Psychologie de l'immortalité* est une œuvre plus suivie, où se dessine déjà une interprétation « du besoin de durer » qui est au fond même de notre nature : déjà le philosophe y fait alliance avec le moraliste. Soit par la paternité, soit par l'action, soit par le livre, il n'y a point d'homme qui ne cherche à se survivre ; mais il succombe à une illusion s'il espère que cette survivance puisse jamais être celle de sa personne, car il ne peut l'obtenir que par le renoncement. C'est que toute création est un abandon ; et la même faculté d'abandon explique les créations de notre chair et celles de notre esprit. Bien plus, le propre des œuvres de notre amour, c'est que nous sommes toujours vaincus par elles : elles exigent de notre part une véritable dépossession, qui mêle son amertume aux triomphes de la paternité comme à ceux du génie. La nature nous demande une perpétuelle abdication de nous-mêmes : « Ce n'est pas tant par ses dons qu'elle nous comble que par l'abandon qu'elle nous en permet. » On ne peut pénétrer plus avant que l'auteur dans le secret même de l'abandon, quand il y découvre non pas seulement « cette seule dépense de l'être qui suffit à transmettre la vie, mais l'acceptation par le créateur de l'indépendance de ses créations ». Nulle œuvre, en effet, ne subsiste que si elle a conquis la vie, c'est-à-dire l'indépendance, et c'est de sa propre puissance à la fin qu'elle est appelée à témoigner, et non plus de la nôtre.

Si la plupart des hommes ne prennent point conscience que toute action est un don et qu'elle exige un renoncement à soi-même, du moins faut-il reconnaître que le bonheur est leur préoccupation la plus commune : ainsi, en écrivant des *Remarques sur le bonheur* M. Bernard Grasset est fidèle à la tradition des purs moralistes qui cherchent à atteindre le fond de la nature humaine dans l'observation des sentiments les plus simples et les plus constants. Et si l'on reconnaît en lui la marque du moraliste, c'est parce qu'il donne la présence et la vie à des vérités que tout homme, au moment où on les lui révèle, pense avoir toujours portées dans son propre fond et que les événements de tous les jours ne cessent pourtant de lui faire oublier. On en jugera par les réflexions suivantes, que nous ne citons pas seulement pour faire connaître le tour de M. Grasset, mais aussi pour que chacun parvienne, en les méditant, à découvrir le véritable visage du bonheur : « Le bonheur ne se cherche pas, on le rencontre. Il n'est que de savoir le reconnaître et de pouvoir l'accueillir. Ce n'est pas à la possession des biens qu'est attaché le bonheur, mais à la faculté d'en jouir. Le bonheur est une aptitude. Accepter les dépendances que nous impose la Nature, c'est la sagesse ; les aimer, c'est le bonheur. Les plus grands bonheurs humains sont des servitudes bienheureuses. »

Ces quelques observations nous permettent d'achever le portrait du moraliste. Car le regard qu'il dirige sur l'homme n'est pas seulement chargé d'une vaine curiosité ni de cet amour de soi par lequel chacun de nous essaye d'acquérir une parfaite possession de lui-même. Seul mérite le nom de moraliste celui qui tout à la fois ne s'intéresse qu'à son être invisible et pense découvrir, dans la lumière même par laquelle il l'éclaire, les seules valeurs qui puissent émouvoir sa volonté et la satisfaire. La connaissance de soi ne nous met pas en présence d'un spectacle que nous puissions nous contenter de décrire. Ce spectacle, nous ne cessons en même temps de le percevoir et de le créer : il ne contient que des puissances qui s'exercent, des préférences qui se manifestent. Qui pourrait dire quand il s'examine où cesse la pure connaissance de ce qu'il est, où commence le propos de mieux régler sa conduite ? C'est qu'il n'y a rien de plus en nous que des mouvements intérieurs qu'il nous est impossible de pénétrer sans qu'ils nous révèlent aussitôt leur profondeur ou leur inanité. Apprendre à nous connaître, c'est chercher notre plus profond désir.

Le caractère essentiel du moraliste, c'est que l'homme lui suffit. Et même, c'est l'homme abstrait qui est son domaine, c'est-à-dire cet homme que chacun porte au cœur de soi, qui est plus vrai que l'homme de chair qui s'exprime par des gestes et par des paroles, et que celui-ci cherche toujours, sans y parvenir, à manifester. Un tel domaine est infini ; nous n'épuiserons jamais cet être toujours en train de se former ; et notre attention retrouve toujours avec la même émotion les essais sans cesse recommencés par lesquels, en chaque individu, l'homme entreprend éternellement de se réaliser.

Il faut, comme le moraliste, avoir un contact constant et serré avec soi, être capable de le maintenir et de le renouveler à travers toutes les révélations que la conscience nous fait chaque jour, et même garder cette amertume et cette cruauté qui accompagnent toute pénétration sincère au fond de notre nature misérable, si l'on veut que la philosophie, en découvrant l'unité de l'homme et du monde, achève de nous rendre intelligibles à nous-mêmes, et que la vie spirituelle, en nous unissant à un principe qui nous est présent et qui nous dépasse, rassemble et comble toutes nos aspirations dispersées.

6 décembre 1931.

Chapitre IV
AMOUR-PROPRE ET RESSENTIMENT

Il faut avoir une âme très forte pour gouverner du dedans sa pensée et sa conduite sans les laisser infléchir par l'opinion des autres hommes ou par leur attitude à notre égard. Il faut avoir beaucoup de fermeté et de désintéressement pour juger de la valeur de quelqu'un sans se comparer à lui et sans tirer de cette comparaison même un avantage qui nous relève à nos propres yeux. Il faut avoir un amour héroïque de la vérité pour ne jamais dénigrer les vertus qui nous manquent et ne jamais célébrer certaines faiblesses que nous sommes incapables de vaincre. On donne le nom général de *ressentiment* à tous ces mouvements de la vie intérieure qui expriment toujours une réfraction à travers l'amour-propre des biens que nous voyons possédés par d'autres et dont nous sommes privés.

Sous le titre *l'Homme du ressentiment*, on vient de traduire un petit livre de Max Scheler, dont le public français peut lire depuis 1928 un ouvrage célèbre intitulé *Nature et formes de la sympathie*, et qui est sans doute, de tous les philosophes de l'Allemagne contemporaine, celui qui risque de trouver dans notre pays l'accueil le plus favorable. Il refuse, en effet, de rompre entre la dialectique et l'analyse du cœur humain ; et au lieu de mépriser la psychologie, c'est-à-dire l'observation directe de la conscience par elle-même, comme le font beaucoup de ses compatriotes, il trouve en elle non pas simplement un germe spirituel qui doit s'épanouir en une théorie de l'univers, mais la présence immédiate d'une réalité qui ne nous permet d'être ce que nous sommes que par notre propre communication avec tout ce qui est. Comme Pascal ou Bergson, il accorde au cœur et à l'intuition une valeur ontologique.

C'est à Nietzsche qu'il emprunte l'analyse du ressentiment. On sait que, dans l'opposition si brutale qu'il établissait entre la morale des maîtres et la morale des esclaves, Nietzsche montrait les esclaves, au moment de leur triomphe, rabaissant ou même convertissant en vices les valeurs les plus nobles, qu'ils se sentaient hors d'état d'atteindre. Avec le christianisme, c'est la patience, la bonté, l'humilité et même la souffrance, c'est-à-dire toutes les prérogatives de la faiblesse, qui deviennent tout à coup des mérites. On ne veut point se venger, mais c'est parce qu'on ne peut pas se venger. En demandant le pardon des injures, l'amour chrétien exprime « la fine fleur du ressentiment ». Mais il est une dure épreuve pour la sincérité et pour les impulsions les plus naturelles de la vie. « On parle de l'amour de ses ennemis et l'on sue à grosses gouttes. » Scheler reprend cet examen du ressentiment, le précise et l'enrichit, mais il se sépare de Nietzsche en montrant que la morale chrétienne ne paraît laisser une place au ressentiment que quand on l'entend mal ou quand on est incapable de l'appliquer, et que son caractère le plus profond, c'est au contraire de le surpasser et de le dissoudre.

Le ressentiment est l'effet d'une haine naturelle que l'homme éprouve à l'égard de toute forme de supériorité, dont le seul spectacle le blesse et l'humilie. La laideur d'un tel mouvement n'échappe à personne ; mais personne ne peut être assuré d'en être tout à fait indemne. Il s'insinue souvent en nous malgré nous ; il prend quelquefois des formes si subtiles que le regard le plus scrupuleux ne parvient pas à le déceler. Le malheur d'un rival est presque toujours accueilli dans la conscience, avant qu'elle se soit ressaisie, par un éclair de joie. Nous disputons aux autres hommes la légitimité de tous les succès qu'ils peuvent obtenir, comme s'ils n'étaient pas une preuve suffisante de leur mérite. L'échec seul nous rend plus prompts à reconnaître le véritable talent, parce qu'en le rendant inopérant il nous donne à son égard une sorte de sécurité ; il nous permet en même temps d'éprouver pour celui qui échoue une commisération qui nous relève encore à nos propres yeux par la sympathie que nous croyons être seuls à lui accorder.

Le ressentiment est un sentiment second qui ne prend pas naissance dans la conscience de l'homme isolé, mais qui est toujours provoqué par le spectacle d'un don qui lui est refusé ou d'une action dont il se sent incapable. Il est un état négatif et n'engendre que de l'animosité. Il entre toujours en lui de la jalousie, de la rancune et de la malignité. Quand la vengeance, qui nous en aurait libérés, nous est interdite, la conscience demande une compensation à l'imagination qui ne cesse plus de la tourmenter. Alors il se produit une rumination qui gagne de plus en plus en profondeur et pénètre peu à peu le cœur même de l'être. Le ressentiment est inséparable du temps : c'est une riposte perpétuellement ajournée et reculée. Et la nécessité où nous sommes de faire quand même bon visage aigrit de plus en plus cet état, qui fait de celui qui l'éprouve son bourreau et sa victime.

Il existe des formes très différentes du ressentiment. Il conduit également à nier la valeur de ce que l'on n'a pas, à relever sans mesure ce que l'on a, à ne jamais louer aucune chose que pour en déprécier une autre. Dans l'ordre intellectuel, il accompagne toujours un certain défaut de lumière intérieure et une impuissance foncière à rien affirmer : il nourrit le scepticisme, qui se venge par une critique destructive de la misère même où la conscience se trouve réduite ; il invente l'inconnaissable pour disqualifier la connaissance qu'il n'a pas la force ou le courage d'acquérir. Et sa ressource la plus subtile, c'est d'identifier l'esprit lui-même, comme le fait Méphistophélès, avec un pur processus de critique ou de négation, afin de sauvegarder cette indépendance intérieure que la plus modeste vérité, s'il était indispensable de la reconnaître, risquerait aussitôt d'asservir.

On ne connaît point de bornes à la croissance du ressentiment. Il peut être injuste ou ridicule, comme lorsqu'il produit une rancune à l'égard d'un homme qui vient d'accomplir un acte bon, mais que nous aurions voulu accomplir à sa place : on le voit bien dans la haine que provoque un parti politique quand il réalise au pouvoir le programme de ses adversaires. Mais le ressentiment peut acquérir une extrême amertume quand on a la certitude d'être seul à avoir raison, alors qu'on se trouve réduit à l'impuissance : celui qui n'a point alors assez d'humilité et de générosité et qui se laisse vaincre par l'amour-propre est miné par une blessure à laquelle il finit parfois par succomber. Le ressentiment enfin ne reçoit sa forme parfaite et sa véritable signification métaphysique que si, au lieu de porter sur une qualité dont nous sommes privés, il porte sur l'être lui-même qui la possède, et dont la seule présence dans le monde est pour nous impossible à supporter. Lorsqu'elle a atteint son dernier point, l'envie doit dire : « Je puis tout te pardonner, sauf d'être ce que tu es. » Ici, nous sommes au fond de la caverne où Satan enveloppe dans la même haine l'être et le bien, pour s'écrier : « Tout bien devient pour moi souffrance et au Ciel mon état serait pire. »

Le ressentiment naît toujours d'une comparaison avec autrui, et, dans cette comparaison même, il est la revanche de la supériorité que nous voudrions avoir et qui nous échappe. Mais le génie ne se compare pas. C'est qu'il n'est ébranlé par aucun doute sur sa valeur et son être propre : ce qui lui permet de reconnaître, sans éprouver de jalousie, la valeur des autres êtres et même d'accepter leur supériorité sur lui à bien des égards. Faut-il donc laisser le ressentiment aux hommes qui n'ont pas de génie et qui se vengeraient sur lui de n'en avoir pas ? Il reste qu'ils pourraient encore prendre conscience de leur vocation personnelle et, sans cligner de l'œil vers autrui, se contenter de creuser le sillon de leur destinée, qui pour chaque être est unique et incomparable. Mais ils ne peuvent point demeurer aveugles à l'égard de tant d'êtres différents d'eux et qui, sur tant de points, leur montrent des qualités dont il faut que la découverte les humilie ou les réjouisse. Seulement, quand elle les humilie, c'est que leur amour-propre cherche à incliner l'univers entier devant eux et considère comme un mal tout bien qui ne vient pas d'eux. Au lieu que quand elle les réjouit, c'est qu'ils se regardent eux-mêmes comme les serviteurs d'un bien qui les dépasse et que l'amour-propre en eux a été vaincu par l'amour. Ainsi le ressentiment est l'effet beaucoup moins de notre impuissance à égaler les autres hommes que de notre impuissance à les aimer.

Or, c'est ici précisément que Nietzsche intervient en nous demandant de considérer cet amour même, du moins tel que le christianisme le décrit, comme un ressentiment plus subtil, ou, selon ses propres termes, comme une « sublime vengeance » ; car le propre de l'amour chrétien, c'est de se tourner vers les faibles, les pauvres, les opprimés et les souffrants. Mais il y a en lui une malédiction tacite, et parfois même formulée, à l'égard de la puissance, de la richesse et du bonheur. Or, cet amour n'est-il pas une haine renversée, et est-ce encore aimer qu'aimer contre quelqu'un ? De tous les biens qui ébranlent dans l'homme la faculté de désirer, le chrétien dit : « Cela n'est rien » ; ou plutôt, ce sont des illusions qui nous dissimulent les valeurs véritables : celles-ci ne se découvrent à nous que dans le spectacle de la misère, de l'abjection et de la mort. C'est là que nous saisissons la véritable essence de l'homme ; mais c'est là aussi que notre envie trouve une satisfaction sans mesure, et nous la portons jusqu'à l'absolu en voulant qu'au delà de la terre la répartition des biens et des maux soit le contraire de ce qu'elle était ici-bas.

Celui qui s'étonnerait d'une telle interprétation du christianisme n'oubliera pas les textes des Béatitudes de Luc : « Bienheureux vous qui êtes pauvres, car le royaume de Dieu est à vous. Bienheureux vous qui avez faim, parce que vous serez rassasiés. Bienheureux vous qui pleurez, parce que vous serez dans la joie » (VI, 20, 21) ni les imprécations qui en forment la contrepartie ; ni la terrible et célèbre menace : « Un chameau passera plus facilement par le trou d'une aiguille qu'un riche n'entrera au Ciel » (XVIII, 25). Toutefois, il n'est pas évident, comme le pense Scheler, que ce soit là seulement un accent propre à Luc, ni qu'il ne faille, pour trouver la véritable signification intérieure de ces paroles, surpasser le ressentiment qui semble éclater dans la lettre avec tant de violence et d'amertume. Scheler voit bien que l'Evangile, ici comme partout, cherche à maintenir l'indépendance absolue des valeurs spirituelles à l'égard de tous les biens sensibles et de tous les biens d'opinion. Mais il ne marque pas assez fortement le véritable danger de ces biens, qui est, en créant en nous une sorte de sécurité et de complaisance, de nous faire oublier le salut de notre âme : ils nous chargent d'une responsabilité qui croît à mesure qu'ils se multiplient.

Pour que l'amour de la souffrance soit une forme du ressentiment, il faut qu'il recherche cette souffrance elle-même, qu'il s'établisse en elle, qu'il la contemple avec délice et qu'il redoute seulement qu'elle lui soit retirée. Dans le ressentiment, le mal tend à devenir un bien véritable. Ainsi, on voit Schopenhauer répondre à ceux de ses amis qui se plaignent de leur misère : « Voyez comme ma philosophie est vraie. » Mais l'amour chrétien est tout différent. Il n'a pas besoin de la douleur pour se maintenir. Il ne se nourrit pas du sentiment de notre inéluctable malheur. Il est un acte perpétuel de confiance et d'assistance ; ou bien la charité n'est qu'un vain mot, ou bien elle est un élan généreux qui traverse la souffrance pour la convertir en joie.

On a dit souvent que l'amour était absent de la morale antique ; on ne saurait point oublier pourtant le rôle qu'il joue dans le platonisme. Mais Scheler caractérise très justement les traits essentiels qui permettent de l'opposer à l'amour chrétien. La généalogie de l'Amour dans le *Banquet* fait de lui le fils de la Pauvreté : il vit dans la privation de ce qu'il désire, et que son imagination ne cesse de lui représenter ; dès lors, aimer est intermédiaire entre avoir et n'avoir pas. Car le mouvement de l'amour le porte toujours vers un objet plus élevé et plus beau dont il attend sans cesse un nouvel enrichissement. Ne dira-t-on pas qu'il en est ainsi dans l'Evangile, qui fait aussi de Dieu l'objet suprême de l'amour ? Pourtant, il y a ici un changement de sens que l'on ne peut méconnaître. En effet, l'amour n'est plus pauvreté, ni privation, mais richesse et possession. Et Dieu n'est aimé que parce qu'il est la perfection même de l'amour. Dès lors, l'amour est bon comme tel et non par rapport à un but autre que lui. Et l'être qui aime Dieu l'imite, c'est-à-dire, au lieu de songer à s'élever lui-même, s'incline vers tout ce qui est inférieur à lui pour le soutenir, pour l'aider à conquérir la vie, la force et la liberté. Ainsi, l'extrémité de l'amour réside dans l'acte de la création par lequel Dieu crée l'univers de rien ; « le monde n'est que l'actualité momentanée d'un amour qui s'écoule à l'infini ». Tout être qui aime crée sans cesse autour de lui de nouveaux foyers d'initiative, de confiance et de bonheur. Il dissipe le mal, il le pénètre et il l'illumine, au lieu de chercher en lui on ne sait quel impur aliment. Et chacun de nous est solidaire et coupable de toute la méchanceté qu'il rencontre sur son chemin : car il n'y a point de méchant dont on puisse être sûr qu'il le serait demeuré s'il avait été suffisamment aimé.

*

Mais il est toujours difficile à l'homme de se délivrer du ressentiment, et aussi de le reconnaître, parce qu'il se mêle sans cesse à nos mouvements en apparence les plus généreux et les corrompt tout en se couvrant de leur prestige. C'est peut-être trop demander à l'homme que de vouloir que son action ne soit jamais une réaction de son amour-propre, que la droiture de son jugement ne se laisse troubler par aucune comparaison, qu'il porte ses mérites comme l'arbre porte ses fruits, et que tout le bien qu'il cherche à faire sorte directement du « bon trésor de son cœur ».

Il faut prendre garde cependant que les mots les plus beaux peuvent devenir de faux prétextes derrière lesquels se cache une hostilité à l'égard de toutes les valeurs positives. Dans la seconde partie de son livre, Scheler élève une sorte de réquisitoire contre cet amour abstrait de l'humanité que nourrit un esprit de violence et de haine, et qui semble toujours une revanche contre l'impossibilité d'aimer aucun objet concret, aucune personne réelle et vivante. Il arrive que l'on aime l'humanité et que l'on déteste tous les hommes ; et l'on n'invoque cet amour anonyme que pour mieux condamner l'amour sincère, actuel et efficace de tel être particulier, parce qu'on est incapable de l'éprouver. Scheler repousse le mot même d'altruisme que l'on a voulu substituer au mot amour : ce mot est tout négatif, comme on le voit par beaucoup d'êtres qui pensent qu'il n'y a pas de fin plus haute dans la vie que de se donner à un autre simplement parce qu'il est un autre. Mais c'est qu'ils cherchent seulement à se quitter eux-mêmes ; or, cette évasion de soi, cette excursion indiscrète dans les affaires d'autrui sont des formes de divertissement, et non point l'amour véritable. L'amour met toutes les choses à leur rang : il embrasse tout le réel, il est indivisiblement amour de soi, du prochain, de la nature et de Dieu. Et ces différentes formes de l'amour doivent se soutenir l'une l'autre, au lieu de se combattre. Aucune ne doit aiguiser sa pointe contre les autres afin de régner seule : elle a besoin du secours de toutes afin de remplir toute sa capacité.

Scheler s'oppose encore à cette sympathie molle et passive par laquelle on se penche sur la douleur d'autrui afin de plaindre en elle le sort de l'humanité et de soi-même. L'amour véritable est toujours agissant et efficace. « C'est un enthousiasme spirituel, clair et presque froid. » Il n'exclut pas une certaine tendresse charnelle, mais il la surpasse : il a pour objet la personne elle-même, c'est-à-dire un être idéal qu'il cherche toujours à délivrer, afin de lui permettre de s'épanouir. Il ne marchande pas son admiration aux dons naturels, au talent, à la vocation ; il saisit partout les effets de la grâce ; il ne se croit point tenu de ne rien accorder qu'au mérite individuel, sachant bien que dans cette égalité virtuelle entre les hommes la jalousie trouve toujours son compte. Et Scheler montre avec malice que celui qui exige l'égalité est toujours celui qui a peur de perdre, et que l'égalité est toujours une spéculation à la baisse : ce n'est pas là une idée qui puisse provoquer l'émotion ni le désir. On trouve toujours en elle quelque trace de ressentiment, comme dans l'axiome par lequel chacun cherche à affirmer sa propre dignité : « ne rien devoir à personne ». Mais chaque homme participe pourtant aux mérites de tous les autres, et chacun reçoit une révélation qui ne cesse de profiter à tous. C'est le ressentiment qui nous interdit de le reconnaître : il est une tristesse qui naît dans la conscience, par laquelle nous haïssons tous les dons que nous n'avons pas reçus, comme si c'était leur découverte qui nous les retirait. Mais on oublie que seule la joie de leur pure présence dans le monde nous permet de nous les approprier.

21 janvier 1934.

Chapitre V
DE LA MORT VOLONTAIRE

Il faut s'excuser de parler de la mort volontaire, car il n'y a point d'acte qui produise autant de répulsion et d'horreur. C'est une sorte de crime sacré. On détourne de lui le regard ; les proches le dissimulent ; il nous contracte et nous rend silencieux. Pourtant, les motifs qui l'expliquent ne sont point mystérieux : c'est une lassitude, un chagrin, un désespoir, qui peuvent provoquer notre sympathie et notre pitié. Mais les motifs tiennent peu de place dans l'émotion qu'un tel acte nous donne. Que l'on voie un seul homme refuser de vivre, cela semble une condamnation de la vie que les autres consentent à garder. Cet exemple est pour eux une sorte d'offense. Car c'est la vie que nous aimons, plus encore que ce qu'elle nous apporte. En nous sentant invités d'une manière si dra-

TROISIÈME PARTIE

matique à examiner par comparaison le sens et la valeur de notre vie propre, nous sommes tentés de nous récuser, de crainte de ne pas pouvoir trouver une réponse qui nous rassure. C'est qu'il n'y a pas d'homme qui, à certaines heures de découragement, n'ait été effleuré par le désir de retourner au néant et de trouver la fin de ses tribulations dans une paix qu'aucun réveil n'interrompra plus.

Ce serait là une raison suffisante pour que le philosophe, au lieu de fermer les yeux sur la mort volontaire, essayât de scruter avec lucidité la décision qui la produit. Mais cette décision soulève un autre problème. Car la vie s'est imposée à nous malgré nous. Nous l'avons reçue comme un don : son usage seul dépend de nous. Elle est une proposition qui nous est faite, une offre de participer à l'existence de l'univers, une demande de collaborer à l'œuvre toujours inachevée de la création. La vie, qui trouve en chacun de nous une incarnation individuelle, a donc une origine et des fins qui nous dépassent. Mais, pour qu'elle devienne notre vie, il faut que nous puissions en disposer et même accomplir à son égard un acte perpétuel de consentement ou de refus. En refusant l'être notre indépendance doit nous paraître totale. C'est pourtant le triomphe de notre impuissance, qui, par une sorte de paradoxe, ne croit pouvoir se venger du sort qu'en se portant elle-même jusqu'à l'absolu, et qui ne peut y réussir qu'en empruntant encore à la vie l'énergie même de la détruire.

La mort volontaire apparaît comme un acte de séparation absolue, comme l'acte par lequel l'individu, prenant conscience de sa misère et de sa solitude, signifie son congé à l'univers et à ses semblables. Dès lors, aucun acte ne semble plus rigoureusement personnel : l'homme qui abandonne la vie volontairement a la conscience très aiguë d'une détresse intérieure dont il est seul à percevoir la profondeur. Au moment où il prend sa décision dernière, où il la prépare et où il l'exécute, il s'enferme dans son funèbre secret : il se cache de tous les autres hommes, dont il pense qu'ils ne chercheraient qu'à le dissuader ou à le retenir.

*

Pourtant, de tous les phénomènes qui ont retenu l'attention des sociologues, il n'en est point qu'ils aient examiné avec plus de complaisance que le suicide. Sans doute ils reconnaissent que les différents individus réagissent de la manière la plus originale en présence des mêmes événements : les plus graves, les plus douloureux, les plus déshonorants n'ébranlent pas certains êtres, qui gardent toujours assez de confiance ou d'insensibilité pour ne pas désespérer ; au contraire le suicide peut avoir pour origine les motifs les plus futiles, les contrariétés les plus insignifiantes ou les plus aisées à soulager. Mais si ce n'est point dans la nature des événements auxquels les individus se trouvent mêlés, ce n'est pas non plus dans les dispositions physiologiques et affectives avec lesquelles ils accueillent ces événements que les sociologues prétendent trouver l'explication du suicide. Ils remarquent qu'il existe dans chaque groupe social une proportion constante de suicides qui marque pour ainsi dire sa température morale : tous ses membres subissent donc certaines influences communes qui ne font que glisser sur les uns et sont décisives pour d'autres, qui sont plus vulnérables. Il appartient au psychologue de déterminer quels sont les points faibles qui donnent à ceux-ci une moindre résistance et en font des candidats désignés au suicide. Mais le sociologue néglige tous les facteurs individuels pour ne retenir que les conditions sociales qui accroissent ou qui diminuent la proportion des suicides ; les observations qu'il nous propose sont très curieuses et parfois inattendues : elles méritent d'être méditées.

En 1897 Durkheim écrivait sur *le Suicide* un livre qui est devenu classique et qui vient d'être réédité. Il y distinguait d'abord avec une grande netteté les causes du suicide, de ses motifs apparents : les causes résident dans la structure et le genre de vie des groupes sociaux auxquels les individus appartiennent ; quant aux motifs que ces individus se donnent à eux-mêmes, ce sont des prétextes ou des interprétations subjectives, et ils pourraient fort bien s'en donner d'autres. C'est un peu le même argument que l'on trouve chez les adversaires de la psychologie introspective quand ils soutiennent que les sentiments éprouvés par la conscience constituent une sorte de roman par lequel l'imagination nous raconte l'état de notre corps. Mais l'individu le plus vigoureux et le plus sain, s'il a rompu toutes les attaches qui l'unissent au corps social, doit se sentir encore abandonné et misérable. La cause du suicide est précisément dans cette impression que, tout à coup, la société vient à nous manquer, que nous ne sommes plus soutenus par elle, et que notre vie, dépourvue du lien par lequel elle est agrégée à un groupe, perd son élan, son sens, et même le désir et la possibilité de subsister. Les différents groupes sont eux-mêmes plus ou moins intégrés : ce sont ceux dont les membres sont le plus étroitement unis, comme les familles, qui réaliseront la meilleure barrière contre le suicide.

Le travail de Durkheim était fondé sur l'application des méthodes statistiques. Mais ces méthodes ont fait beaucoup de progrès depuis l'époque où il écrivait. De plus, les sociétés européennes ont subi récemment de très profonds ébranlements dont il était intéressant d'observer l'influence sur la courbe de la mort volontaire. M. Halbwachs a donc cru qu'il n'était pas inutile d'écrire encore un gros livre sur *les Causes du suicide*, dans lequel il cherche à vérifier, à compléter, à rectifier les résultats de l'enquête de Durkheim. Il fait de la méthode statistique, dont il est un des représentants les plus qualifiés, l'application la plus probe et la plus minutieuse. On sait à quel point il est difficile de se procurer sur ce phénomène des renseignements susceptibles d'être comparés : car d'une part, il n'est point d'événement que l'on cherche davantage à dissimuler, et, d'autre part, les différents pays enregistrent les suicides par des procédés tout à fait différents. On sait aussi à quel point l'interprétation des résultats statistiques doit être faite avec prudence, s'il est vrai que l'augmentation du nombre des suicides dans un groupe donné est toujours le résultat de plusieurs facteurs qui s'exercent à la fois. En veut-on un exemple ? On avait toujours noté qu'il y avait plus de suicides chez les peuples protestants que chez les peuples catholiques, et on expliquait le penchant du protestantisme pour le suicide par l'esprit de libre examen et par le relâchement des liens intérieurs de ce groupe religieux. Mais l'Angleterre protestante compte une proportion de suicides relativement faible, en dépit de la réputation que nous lui avons donnée au dix-huitième siècle. D'autre part, les statistiques confessionnelles ne nous sont fournies que par la Prusse, où d'autres éléments entrent en jeu, puisque les protestants sont le plus souvent Prussiens et les catholiques Polonais, ce qui fait intervenir l'influence de la race, et que les premiers habitent le plus souvent les villes et les seconds la campagne, ce qui fait intervenir le genre de vie et la densité des relations entre les individus.

On sera curieux d'apprendre que les suicides, qui ont suivi une courbe ascendante fort impressionnante au dix-neuvième siècle, tendent à se stabiliser. M. Halbwachs semble disposé à les considérer comme une sorte de compensation du progrès, et il pense sans aucune ironie qu'il y a une proportion déterminée de suicides qui est un signe de santé pour le groupe social et qui traduit sa complexité, l'intensité et la richesse des relations qui règnent entre ses membres. Il nous apprend encore que le suicide tend à s'uniformiser ; autrefois en France il dominait le long des cours d'eau et des côtes et était plus rare dans les montagnes : aujourd'hui cette différence s'efface. L'inégalité des suicides entre les nations et entre les classes sociales disparaît aussi. Le suicide se démocratise. On notera peut-être avec étonnement que les guerres et les révolutions politiques diminuent le nombre des suicides, au lieu de l'augmenter, et il faut en voir l'explication non pas dans l'exaltation du patriotisme et de l'esprit civique qui rattacherait plus étroitement le citoyen à la cité, mais plutôt dans une sorte de simplification de la vie qui, pendant ces grandes crises, atténue les conflits entre les individus.

M. Bayet, dans un livre intitulé *le Suicide et la morale*, paru en 1922, avait considéré le problème sous un autre aspect. Il avait étudié la variation des opinions sur le suicide à travers le temps. On sait qu'il n'y a point d'acte sur lequel la conscience humaine ait porté des jugements plus contradictoires : et aujourd'hui encore les uns le regardent comme une marque de lâcheté et les autres comme une marque de courage. M. Bayet avait analysé avec beaucoup de précision, en se fondant sur les textes juridiques et les textes littéraires, l'évolution des sentiments éprouvés à l'égard du suicide dans les différents milieux. En ce qui concerne l'horreur qu'il peut inspirer, M. Bayet n'y voyait qu'une « parcelle de ces éléments troubles que le flot populaire apporte toujours avec lui ».

*

Pourtant cette horreur du suicide, que les sociologues regardent comme le témoignage de son origine sociale, comme une réaction de la société devant un acte qui semble la renier, mais qu'elle nous oblige à faire parce que c'est elle qui nous renie, a des racines plus profondes. Elle est d'origine cosmique. Car la mort est l'ouvrage de la nature avant d'être l'ouvrage de la volonté. Et la volonté, dans ce domaine, ne fait qu'imiter et devancer la nature. Il faut donc étudier les sentiments que nous éprouvons devant la mort naturelle pour comprendre comment le suicide les modifie. La mort nous donne toujours une sorte de saisissement. C'est qu'elle nous ôte l'existence séparée. Elle immobilise le vivant ; elle est pour lui à la fois une destruction et un accomplissement ; elle lui interdit de rien ajouter à son histoire et de corriger désormais aucun des traits de sa nature. Elle lui donne une majesté qui le défend contre de nouvelles blessures. Elle lui ouvre accès dans un monde absolu auquel il restitue, après en avoir formé le tissu de sa destinée, les éléments qu'il en avait reçus ou qu'il lui avait empruntés. Aussi, lorsque la Parque vient interrompre notre vie, nous nous inclinons devant ses arrêts avec une sorte de crainte religieuse, bien que nous soyons peut-être moins préoccupés de l'avenir que du passé et du sort qui nous attend que de l'usage du temps qui nous a été laissé. Nous sentons comme une angoisse métaphysique à nous retrouver confondus avec le tout dont nous avions été un instant détachés. Mais nous nous inclinons devant un ordre universel qui, sans que notre volonté soit consultée, nous a donné le souffle et nous le reprend.

La mort a toujours une gravité douloureuse. Elle reçoit un caractère tragique lorsque la volonté humaine, au lieu de l'attendre et de la subir, la réclame et la précipite. Alors la conscience se trouble. Car la volonté, dont le rôle est de résister à toutes les forces destructives, est devenue leur complice ; elle est infidèle à sa mission organisatrice et créatrice ; en se substituant à la nature, elle manque à la loi de la nature autant qu'à sa propre loi. Encore, dans le meurtre d'un autre, la violence imposée à la victime apaise-t-elle notre logique : le meurtrier est devenu semblable à ces puissances brutales qui ne cessent de nous menacer et devant lesquelles nous risquons toujours de succomber. Bien plus, sa volonté, même si elle est animée par la haine, n'est pas purement négative : il ne cherche à anéantir que l'obstacle qui lui est opposé et il vise encore son propre développement.

Mais il y a dans le suicide plus de détour. Car le meurtrier et la victime ne font qu'un. Au sentiment de solennité qui est inséparable de la mort naturelle, à la réprobation qui naît d'un crime où la volonté ne craint point d'anticiper le jeu des forces matérielles, vient se mêler encore cette extraordinaire ambiguïté d'une action qui est imposée et subie par le même être et qui est telle que celui qui l'impose, au lieu d'en tirer le moindre accroissement, y cherche sa propre disparition, et que celui qui la subit, au lieu d'y résister, l'appelle et y consent. Nous rencontrons donc ici, élevé jusqu'à l'absolu, ce même caractère de dédoublement par lequel se constitue notre moi, qui en fait le sujet et l'objet de sa contemplation dans l'examen intérieur, l'agent et le patient de toutes les démarches de sa volonté dans la formation de son être propre, et qui le rend cette fois arbitre et esclave d'une option continue par laquelle il est libre de participer à l'être, mais à condition d'être libre aussi de retourner au néant.

Cependant, le suicide est à la fois l'acte d'une volonté qui se délivre et l'acte d'une volonté qui succombe. Il est en même temps une révolte et un abandon. L'action des forces hostiles crée en nous une pente le long de laquelle nous pouvons glisser presque sans nous en apercevoir. Avant que le dénouement se produise, le renoncement était quelquefois consommé. Nous nous étions offerts au destin comme des victimes lâches et complaisantes. Il y a des suicides lents et profonds qui ne font aucune déchirure visible. Souvent la volonté n'a besoin que de céder au lieu de se tendre : elle ne connaît point le dernier sursaut. Celui même dont le courage nous étonne parce qu'il franchit brusquement le dernier pas obéit souvent à une sorte de tentation. Les instruments qui se sont offerts à lui ont pu attirer sa pensée et sa main avant qu'il ait tout à fait résolu de mourir. La passion, le désespoir ou l'usage de quelque drogue ont pu le plonger dans une sorte de rêve dont la conscience s'est retirée, où l'idée du néant a fini par l'obséder et par l'engloutir. Il a pu se tuer dans un geste quasi somnambulique qui lui appartenait à peine. M. Halbwachs reconnaît lui-même que la mort volontaire présente « un mélange apparent de libre choix et de fatalité, de résolution et de passivité, de lucidité et d'égarement qui nous déconcertent ».

Sans doute les conditions sociales lui offrent un terrain plus ou moins favorable. Mais les statistiques peuvent être interprétées de deux manières : elles nous autorisent à renverser les termes de l'explication sociologique. Au lieu de soutenir qu'il existe des groupes sociaux plus ou moins intégrés et qui, par leur degré de cohésion ou de relâchement, agissent sur les suicides pour en diminuer ou en accroître le nombre, il est plus naturel de considérer cette cohésion et ce relâchement comme l'œuvre des volontés individuelles. Lorsque leur énergie fléchit, on les voit en même temps se soustraire à des relations sociales qui deviennent pour elles trop pénibles ou trop douloureuses, et s'abandonner à un dégoût de la vie. Ce sont là des effets parallèles d'une cause identique. Et si on observe dans ces effets une grande régularité, cela ne détruit pas l'initiative de la volonté qui les produit. Au lieu de dire que la famille protège contre le suicide, il faut dire que l'acte de fonder une famille atteste une confiance dans la vie qui rend déjà le suicide plus improbable.

L'examen des motifs reprend alors toute sa valeur. La mort volontaire peut être due au désir d'expier, de fuir la souffrance ou la maladie, de ne pas survivre à un être cher, d'étonner et de se venger, ou à ce *tædium vitæ* dont il est parfois difficile de préciser les raisons et qui pourtant donne seul à tous les autres motifs leur efficacité et leur virulence. Elle n'est pas le produit de la douleur, qui est un aiguillon pour les êtres les meilleurs, ni de la solitude, qui est une joie pour les êtres les plus forts. Même quand elle adopte les voies les plus silencieuses et les plus discrètes, il y a encore en elle une sorte de malédiction et d'imprécation sur la vie que nous étendons presque toujours sur notre être propre et parfois sur les êtres que nous quittons. Ajax est un furieux qui, en se jetant sur son épée, invoque les Erinnyes et rend responsable de sa mort toute l'armée sur laquelle il appelle leur vengeance. Anna Karénine a plus de douceur : mais, après avoir perdu l'amour de Wronsky, au moment où elle se laisse attirer comme une démente par le train qui arrive, elle dit elle-même avec autant de subtilité que de naturel : « Ainsi, je le punirai et me délivrerai de tous et de moi-même. »

21 décembre 1930.

Chapitre VI
DE LA CONVERSION SPIRITUELLE

Le mot de conversion n'appartient pas exclusivement au langage religieux. Il ne désigne pas seulement cette sorte de retour de l'impie ou du sceptique vers une croyance traditionnelle, soit qu'il l'ait abandonnée, soit qu'il ne l'ait jamais connue. Il caractérise ce changement de direction qui se produit dans notre vie lorsque, cessant tout à coup d'être livrée à l'attrait des sens, aux sollicitations extérieures, à toutes les formes du divertissement, elle cherche au cœur d'elle-même une lumière qui l'éclaire, qui la dirige et qui l'oblige à introduire dans chacune de ses démarches une signification spirituelle. Elle n'est possible que par un choix intérieur qui nous engage tout entier, qui libère notre volonté, mais en la subordonnant à une valeur qui la dépasse et qu'il lui appartient de mettre en œuvre par un acte de fidélité continu.

Il est bien remarquable qu'il n'y ait pas d'homme au monde qui n'aspire ainsi à reprendre en main la direction de sa pensée et de sa conduite afin de les soustraire à l'esclavage des objets ou des événements : mais jamais son attention n'est assez lucide, ni sa volonté assez désintéressée ni assez pure. Aussi retombe-t-il toujours dans les mêmes chaînes. Mais il se réveille chaque matin en se disant à lui-même que cela ne peut plus durer : il tente chaque fois cette nouvelle conversion dans laquelle il n'a point assez de force pour persévérer. Car il n'y a point de conversion purement intellectuelle : toute conversion change non seulement notre pensée, mais notre action et notre personne même. C'est la vie de l'esprit qui, en se substituant à la vie du corps, renverse en quelque sorte le rapport entre les moyens et les fins : car l'esprit cesse d'être le serviteur du corps, de chercher seulement à assurer sa durée, son bien-être et tous les avantages auxquels il peut prétendre ; et c'est le corps au contraire qui devient l'instrument de l'esprit, à la fois par l'obstacle qu'il lui oppose et par l'effort auquel il le contraint pour lui permettre d'en triompher.

Mais c'est par ce changement d'inflexion dans la démarche fondamentale de la vie que l'esprit même se constitue. Là est aussi, pour ainsi dire, le thème essentiel de toute méditation philosophique. C'est lui que l'on retrouve chez Platon lorsqu'il quitte le monde des ombres de la caverne pour le monde des idées, chez Descartes lorsqu'il met en doute toutes les connaissances qui lui viennent du dehors pour tirer de son propre fonds une méthode qui lui donne à la fois la science et la sagesse. Parmi les modernes, on sait l'usage que fait M. Bergson de cette « torsion intérieure » par laquelle l'intuition, nous éloignant de tous les objets qui sont situés dans l'espace, auxquels s'applique naturellement l'intellect utilitaire, nous permet de retrouver l'élan créateur qui les dépose sur son chemin, mais qui les dépasse toujours ; on sait le rôle attribué par M. Brunschvicg à la « vraie conversion » qu'il oppose à la fausse où l'esprit s'assujettit encore à des choses, et qui remonte jusqu'au Verbe pur dont l'activité toute rationnelle est à la fois une liberté sans contrainte et une lumière sans ombre. Telle est aussi la voie où s'engage M. Bastide dans les deux thèses qu'il a soutenues récemment, et dont l'une, *le Moment historique de Socrate*, tente de saisir à son point d'origine cette « conversion », qui est essentielle à la pensée philosophique et que tout philosophe est tenu ensuite de refaire pour son compte et selon ses forces ; l'autre, qui a pour titre *la Condition humaine*, se présente comme un essai sur les conditions d'accès à la vie de l'esprit.

*

Il y a une parenté singulière entre l'acte intérieur que nous désignons par le mot conversion et celui que nous désignons par le mot réflexion, bien qu'il semble que le premier mette en jeu plus particulièrement la volonté et le second l'intelligence : mais peut-être ces deux facultés ne s'exercent-elles jamais isolément. Dans ces deux opérations nous avons également affaire à un retour de la conscience vers elle-même, vers l'origine la plus profonde de l'activité qui la fait être, et qui, à mesure qu'on s'en éloigne, risque toujours de se dissiper et de se perdre. Le propre de la conversion réflexive, telle qu'elle s'exprime dans le « connais-toi toi-même » socratique, n'est point de retrouver en nous l'individu que nous sommes, mais cette humaine condition dont chacun de nous porte en lui la marque, comme le montrera Montaigne admirablement. En un sens on peut dire que c'est de l'individu même qu'elle nous délivre ; et M. Bastide ne craint pas de dire que c'est de cette délivrance de l'homme par la réflexion que Socrate a été probablement le héros.

Socrate n'est ni un écrivain, ni un théoricien ; et on a tort sans doute de se demander quelle était sa doctrine ; « il est l'homme de l'action spirituelle et cherche à faire éclore l'esprit là où s'en trouve quelque semence ». C'est sa vie qui est son œuvre véritable ; elle ne fait qu'un avec sa mort ; et, pour connaître Socrate, il faut apprendre à les méditer toutes deux. Ce que nous propose l'exemple de Socrate, c'est de chercher en nous cette source spirituelle où chacune de nos actions puise en quelque sorte toute la valeur qu'elle est capable de recevoir. La volonté bonne reçoit sa détermination propre « du mouvement par lequel l'être tout entier se retourne et se transfigure : il faut et il suffit que la volonté opère cette conversion pour que cesse aussitôt sa perversion ». Elle naît alors à la véritable liberté, en réalisant sa propre libération à l'égard de la causalité exercée sur nous par les choses extérieures, et en lui substituant une causalité exercée en nous par nous-mêmes, c'est-à-dire par l'esprit, auquel résiste toujours tout ce qui vient de l'individu et du corps. La voix de Socrate dans les *Mémorables* de Xénophon comme dans les dialogues de Platon est un constant appel à la conscience de soi, qui n'est pas simplement un moyen d'accéder à la vie de l'esprit, mais qui est l'esprit même, comme elle est la vertu même et non pas simplement un moyen d'acquérir la vertu. C'est par elle que nous apprendrons à triompher de toutes les contradictions qui ne cessent de nous déchirer, et de la contradiction entre la pensée et l'action, qui est la plus essentielle de toutes et qui produit en nous une inquiétude perpétuelle : la conversion véritable, c'est d'obtenir qu'elles coïncident. Alors il semble qu'il y ait en nous un dieu intérieur qui ne cesse de nous inspirer et auquel notre volonté doit se montrer docile : c'est ce dieu intérieur que Socrate appelait son démon ; il intervenait surtout pour lui défendre d'agir, comme si le plus sage des hommes restait toujours exposé lui-même à subir quelque entraînement contre lequel il avait besoin d'être prémuni. Mais le dieu intérieur, à condition que nous nous souvenions de lui, ne cesse d'accomplir en chacun de nous une œuvre positive : grâce à lui chaque être est tout « occupé à réaliser sa propre genèse, tout entier à la joie de la création des valeurs selon l'esprit ». Cependant la conversion trouvera son expression la plus pure dans la transformation du désir en amour. Car le désir veut la possession, et il produit la guerre parce qu'il est la recherche d'un bien qu'il faut partager tandis que l'amour est le don de soi ; il produit la communion, parce que tout bien qu'il nous apporte s'accroît d'être partagé. Or il n'y a qu'un seul amour, qui est l'amour de l'esprit pour lui-même ; et il est toujours prêt à subir la mort du corps pour empêcher que l'esprit lui-même ne meure.

Nous ne savons point du tout si le Socrate qui nous est ainsi dépeint est ce mystérieux Athénien qui ne nous a rien laissé de plus que le souvenir plein d'admiration de ceux qui l'ont approché et qui n'ont point paru d'accord sur le sens de ses paroles. M. Bastide, qui a intitulé son livre *le Moment historique de Socrate*, voudrait nous montrer quelles sont les conditions qui, dans l'évolution de la cité grecque, ont pu préparer cette sorte d'intériorisation de la pensée qui, cessant de demander sa règle à la nature ou à la société, trouve dans sa seule activité le principe qui l'éclaire et qui la délivre. Sa démonstration est sans doute précaire : c'est que son véritable but est ailleurs. Socrate est pour lui un héros, dans lequel il cherche à montrer une incarnation de la vraie spiritualité, du mouvement intérieur qui la fonde. Les traits qu'il lui attribue sont ceux que chacun de nous retrouve en lui-même lorsqu'il essaie de se convertir à la vie de l'esprit. Encore était-il bon de marquer que l'esprit n'est ni une abstraction, ni un idéal, que nous ne pouvons l'atteindre que là où il est incarné et qu'en chacun de nous cette incarnation est pour ainsi dire notre plus prochain devoir. Aussi, bien que dans son autre thèse sur *la Condition humaine* M. Bastide prétende déterminer d'une manière pour ainsi dire théorique les moyens par lesquels nous accédons à la vie de l'esprit, on ne serait point étonné qu'il gardât une secrète préférence pour ce *Socrate* dont le caractère proprement historique peut être contesté, mais où il a essayé de nous montrer à l'œuvre dans une existence concrète le modèle de l'humanité la plus haute.

*

En réalité, ce que M. Bastide avait cherché à nous faire voir à propos de Socrate, c'est comment le moment historique où il a vécu lui-même, et sans doute tout moment historique, possède une valeur éternelle. Car la véritable conversion spirituelle nous permet de réaliser dans le temps une sorte d'expérience de l'éternité. Quand il analyse les traits caractéristiques de la condition humaine, il essaie de montrer comment la liberté émerge par degrés de l'habitude, et la vocation personnelle de l'obéissance à la tradition. Il donne de la philosophie cette définition « qu'elle est la conscience tout entière engagée de toutes ses forces dans la recherche du soi ». C'est que l'homme est un être dont l'essence est de se chercher lui-même. Mais il serait vain de penser que c'est par une sorte d'attachement égoïste à son être particulier, qui le limite au lieu de l'épanouir. Car l'homme qui se cherche se dépasse sans cesse : il est véritablement ouvert sur l'infini.

M. Bastide tente d'expliquer avec beaucoup de subtilité et de délicatesse comment la conscience se constitue elle-même à travers une infinité de malentendus, d'erreurs ou d'échecs qu'elle s'applique toujours à réparer. Il ne peut être question de le suivre dans une analyse minutieuse où l'on trouverait des vues singulièrement pénétrantes et originales, en particulier celle-ci, qui est peut-être la plus importante : c'est que la représentation, au lieu de naître, comme le soutient M. Bergson, d'une réflexion de l'action sur un obstacle qui l'arrête, qui la virtualise et lui substitue l'image d'une action possible, se forme au contraire lorsque nous n'avons plus besoin d'agir et que notre intention se trouve tout à coup réalisée par un autre qui nous en donne, pour ainsi dire, le spectacle gratuit. Il y a là un événement qui apparaît devant nous sans que nous ayons fait aucun effort pour le produire : mais nous accompagnons par la sympathie l'effort même d'où il procède en devenant le spectateur de sa réussite sans avoir besoin nous-même de l'accomplir. La représentation devient alors, au sens le plus fort du mot, un spectacle véritable ; elle suppose la présence d'autrui avec qui elle nous oblige déjà de communier. Elle nous montre dans l'objet une multiplicité d'actions virtuelles, mais qui peuvent être effectuées sous nos yeux par des êtres différents. Et dès lors nous inventons l'espace pour expliquer la simultanéité au même point de toutes ces actions possibles, et le temps pour expliquer l'exclusion mutuelle de toutes les actions réelles. On jugera sur cet exemple de l'ingéniosité de cette pensée, qui est toujours suggestive, même quand elle ne réussit pas tout à fait à nous convaincre.

L'important pour nous, c'est de montrer les conclusions vers lesquelles elle entreprend de nous conduire. Disons d'abord que, pour expliquer ces objets de perception que nous offre l'expérience, nous pouvons avoir recours à deux interprétations différentes : nous pouvons les considérer tantôt comme exprimant des intentions que nous rapportons à des esprits invisibles, comme le fait l'animisme, tantôt comme se réduisant à des choses inertes que le propre de la pensée est de transformer en concepts, comme le fait l'intellectualisme traditionnel. En fait, il y a ici la marque d'un dualisme, qui est celui de la pensée et de la vie. Mais les deux termes n'ont d'existence qu'en nous-même, où l'on voit tantôt la pensée qui cherche l'être dans un concept immobile et stérile, tantôt la vie qui proteste contre lui en invoquant la fécondité des puissances irrationnelles. Mais le propre de l'Esprit, c'est de les réconcilier. Ni la pensée n'exclut le dynamisme de l'action créatrice, ni cette action elle-même n'exclut la transparence de la pensée. Le réalisme oppose à une pensée qui tue la vie une vie qui se refuse à la pensée. Mais l'idéalisme de l'esprit les met d'accord : il parvient à identifier la pensée qui se vit et la vie qui se pense. Tel est le sommet où réside le Bien ou la Valeur, qui est la raison d'être de tout ce qui est, sans quoi il n'y a pas d'être véritable.

Mais ce sommet n'est pas atteint sans difficulté. Il ne peut l'être que par cette conversion qui détourne la conscience de l'extériorité où elle se divise et ne trouve que le malheur, pour entreprendre une démarche de sens contraire, qui est la naissance de l'homme nouveau et la révélation de l'esprit à lui-même dans l'acte qui l'engendre en donnant une signification à tout ce qu'il est capable de penser et de faire. Il y a donc deux consciences : une conscience en quelque sorte primitive, qui est tout entière tournée vers l'extériorité, et une conscience réflexive, qui est la conscience de la conscience, qui s'interroge sur la valeur et qui entreprend de la mettre en œuvre. Elle ne prolonge pas la conscience primitive. Elle en renverse le cours. Elle implique véritablement une conversion parce qu'elle est d'abord à l'égard de l'objet une négation et un refus. Comment se contenterait-elle du monde, de ce monde qui se pose en face d'elle et qui est nécessairement hostile, ou seulement absurde, vide et muet, ce qui est pis ? Mais un tel monde ne lui est étranger que parce qu'il est étranger à la valeur. Or, le propre de la conversion, c'est d'être la découverte de l'esprit en tant qu'il est l'acte même qui découvre la valeur et qui l'assume. Car l'esprit doit toujours se conquérir : et il n'y réussit qu'en se dégageant de la servitude de la chose, mais pour s'engager aussitôt à réaliser la valeur. Il faut donc mourir au monde pour ressusciter à la vie de l'esprit ; mais ce renoncement n'est point un repos dans lequel il serait possible à l'esprit de s'établir et qui serait la mort de l'esprit, et non point sa vie. L'esprit est toujours opérant et militant. Il oblige notre être tout entier, corps et âme, à lutter pour le triomphe de la valeur : la lutte est nécessaire, car le vieil homme persiste toujours en nous et menace à chaque pas de nous entraîner. Et il ne faut jamais oublier que le propre de la valeur, c'est qu'elle demande, non pas à être contemplée, mais à être instaurée. Nous ne pouvons jamais en obtenir une possession assurée. Ceux dont la conscience est la plus attentive et la plus pure ne sont pas à l'abri des pires défaillances. Il n'y a aucun être sans doute dans le monde qui n'ait connu certains instants très courts pendant lesquels il lui semblait obtenir cette sorte de clarté intérieure où le bien semblait tout à coup lui être révélé, où sa volonté se portait vers lui irrésistiblement. Mais, pour les meilleurs, ces instants sont toujours fugitifs : tout le sens de la vie, c'est d'essayer de les faire durer, ou de maintenir en nous avec beaucoup d'effort la lumière qu'ils nous ont donnée, de ressusciter l'intention si pure qui en jaillissait et que les préoccupations extérieures risquent à chaque instant de nous faire oublier et d'ensevelir.

21 mars 1940.

Chapitre VII
NIETZSCHE OU LA DOULEUR ET LA JOIE DU SOLITAIRE [1]

Cette étrange prophétie de Nietzsche : « On me comprendra après la prochaine guerre européenne », qui rappelle une prophétie célèbre de Stendhal, est-elle en train de se réaliser à son tour ? Et fallait-il un tel ébranlement des nations et des âmes pour que l'humanité apprît à reconnaître dans une doctrine si violente les traits de son véritable destin ? Avant la guerre, la traduction des œuvres de Nietzsche publiée par Henri Albert au *Mercure de France* avait connu déjà un succès très étendu. Ce succès avait même créé une sorte de mode intellectuelle ; mais on ne retenait alors de la pensée de Nietzsche que l'opposition fameuse de la « morale des maîtres et de la morale des esclaves », qui permettait à des oisifs de sentir

---

[1] Charles Andler, *Nietzsche, sa vie et sa pensée*, 6 vol. (Bossard). Ernst Bertram, *Nietzsche, essai de mythologie*, trad. par Robert Pitrou (Rieder). *La Vie de Frédéric Nietzsche d'après sa correspondance*, textes choisis et traduits par Georges Walz (Rieder). Lou Andréas-Salomé, *Nietzsche* (Grasset).

en eux une puissance de domination inemployée ; ou la maxime « soyez durs », qui permettait à des indifférents de se regarder comme forts et invulnérables. Les idées de Nietzsche n'avaient exercé d'influence que par leur éclat paradoxal, et non par cette sincérité ascétique et passionnée d'où elles ne cessent de jaillir et qui transfigure toujours leur sens apparent. Dans son succès même, Nietzsche restait méconnu : il servait la cause d'un individualisme esthétique, à la fois avide et glacé, qu'il aurait repoussé de toutes ses forces.

Mais aujourd'hui M. Andler a terminé les six volumes de l'œuvre monumentale qu'il a consacrée à *Nietzsche, sa vie et sa pensée*. On sait avec quelle minutieuse patience, avec quelle admirable conscience historique et philosophique il a essayé de parcourir toutes les étapes de cette carrière douloureuse, de retrouver tous les sentiments qui sont venus se heurter dans cette conscience si tourmentée, tous les courants intellectuels qui ont entraîné tour à tour cet esprit si mobile et si exigeant. D'autre part, M. Robert Pitrou vient de traduire en français le plus beau livre qui ait été écrit sur Nietzsche en Allemagne : il est dû à M. Ernst Bertram, et il se présente comme un *Essai de mythologie*. Il ne ressemble point du tout à l'ouvrage de M. Andler : il se montre peu soucieux de l'histoire et peut-être même de la doctrine. Mais il célèbre, dans un langage symbolique, le culte du héros : tour à tour « maintenu au-dessus des vagues par son chant intérieur comme Arion par un dauphin secourable » ; achetant comme Philoctète la victoire de l'humanité par son propre martyre ; abolissant toutes les valeurs et trahissant le Bien lui-même, comme Judas, afin de rendre possible la Rédemption et d'en être lui-même l'instrument ; réduit, comme Napoléon, à n'être qu'un pur véhicule de la Fatalité ; cédant à l'attrait miraculeux du Sud, comme Claude Lorrain, pour y chercher un automne plein de lumière et de maturité ; et frère enfin de ce Socrate qu'il a tant haï et qu'il a regardé comme l'ennemi des Muses, mais qui n'avait point eu d'autre mission que celle d'éducateur des hommes et qui a immolé sa vie même à sa mission. On publie en même temps une *Vie de Frédéric Nietzsche d'après sa correspondance*, dans laquelle nous pouvons suivre d'année en année le récit de ses souffrances, de ses colères, de ses ambitions, de ses déceptions, de ses crises de désespoir et d'ivresse spirituelle : nous y saisissons à l'état naissant et dans les palpitations mêmes de la vie quotidienne tous ces mouvements d'une âme tendre, déchirée et indomptable, qui n'a jamais connu d'autre doctrine que celle de la lutte intérieure qu'elle trouvait toujours présente au fond d'elle-même. Tel est aussi le jugement de Mme Lou Andréas-Salomé qui a vécu près de Nietzsche, qui a été regardée un moment par lui-même comme sa disciple la plus chère, mais qui a été en butte à l'hostilité de sa famille et qui a dû se séparer de lui à la suite d'un incident assez ambigu. Dans le livre qu'elle a consacré à *Nietzsche* et que l'on a traduit aussi tout récemment en français, elle étudie tour à tour sa personnalité, ses métamorphoses et son système : or ce système, c'est la douleur ratifiée avec une allégresse cruelle, puis surmontée et transformée en joie ; et cela, c'est son âme elle-même.

*

Cette âme était d'abord une âme solitaire, enfermée par son essence même dans sa solitude, toujours anxieuse d'en sortir et pourtant impuissante à le faire. Non pas que Nietzsche n'ait été entouré pendant toute sa vie des affections les plus hautes et les plus pures : car il a connu avec des amis comme le philologue Rohde et le moraliste Paul Rée cette confiante amitié de l'esprit qui se fonde sur la parenté des goûts et s'entretient par l'échange des pensées ; il a eu le bonheur providentiel de rencontrer sur son chemin Richard Wagner, c'est-à-dire un génie digne du sien et par miracle accordé avec le sien, qui lui a permis d'éprouver ces minutes d'incomparable exaltation où un être qui se sent porté au-dessus de lui-même trouve tout près de lui un autre être qui tantôt le suit et tantôt le devance. Dès son enfance, à travers toute sa carrière, pendant sa maladie et même après sa mort, sa sœur, qui devait devenir Mme Fœrster, n'a cessé de l'accompagner de sa tendresse attentive toute mêlée d'admiration et de piété. Et même, soit peut-être avec Mlle Lou Salomé, soit sans doute d'une manière plus subtile et plus profonde avec Mme Cosima Wagner, il a pu croire un moment avoir atteint ce point mystérieux où toutes les puissances de l'âme s'unifient et reçoivent leur jeu le plus libre et le plus fort, lorsqu'une amitié spirituelle commence à se fondre en amour.

Cependant, ce n'est pas l'homme qui reçoit le plus d'affection ni celui qui est le plus capable d'aimer qui est le moins solitaire. Il y a dans l'amour une exigence cruelle à l'égard de soi-même et d'autrui qui rejette dans l'abîme d'une double séparation ceux qu'elle cherche à unir dans une pointe trop aiguë. Pour les hommes les plus profonds, rompre leur solitude, c'est la faire partager, c'est accueillir en elle un autre être. Mais dans sa propre solitude Nietzsche demandait toujours à son esprit de gravir quelque nouveau sommet : aucun compagnon, à la fin, ne consentait plus à le suivre ; et cet « air clarifié des hauteurs » qu'il ne cessait de chercher d'un désir nostalgique devenait bientôt irrespirable pour ceux qui d'abord s'étaient engagés derrière lui. Il n'a point voulu la solitude ; mais il n'a cessé de la creuser autour de lui, malgré lui et malgré ses amis eux-mêmes. « Toi, lui dit Rohde, tu habites dans ton propre esprit. » Et en même temps, à chaque nouvelle rencontre, Nietzsche lui « paraît revenir d'un pays où personne n'habite ». Nulle solitude sans doute ne peut être plus lourde à porter que cette solitude impossible à vaincre et qui nous est imposée par notre propre nature, par cette nature « solaire », disait Nietzsche, qui est inapte à recevoir du dehors aucun rayon qui l'éclaire ou qui la pénètre. Dans cette solitude il se sent martyrisé. Il ne cesse de faire entendre sur son malheureux sort un gémissement contenu qui ressemble à un appel plein de douceur et de désespoir : « Personne ne m'écrit : j'ai répandu une terreur sans nom parmi mes proches et mes intimes. — Il y a des moments où un seul mot de réconfort, un serrement de mains qui approuve eussent été pour moi le suprême des baumes ; et c'est justement alors que tous m'ont abandonné. — Depuis dix ans, je n'ai pas entendu une parole qui m'ait atteint. — Je souffre atrocement dès que je suis privé de sympathie. Rien ne peut compenser pour moi la perte de l'amitié de Wagner. Que sert-il d'avoir raison contre lui, comme si cela pouvait effacer de ma mémoire l'amitié perdue ! » Et c'est parce que tous ses amis viennent à lui manquer qu'il se forge le plus pur de tous les amis, Zarathoustra, le messager de son évangile, le parfait solitaire dont le cœur déborde d'amour et dont il n'est lui-même que « l'ombre ».

Aucune douleur ne fut sans doute épargnée à Nietzsche, ni la douleur physique qui nous fait sentir si vivement la présence de la chair, sa misère et son isolement, ni la douleur métaphysique par laquelle nous nous voyons abandonné de tous, perdu au milieu du monde, séparé des autres hommes et de Dieu, mais obligé de chercher dans l'acceptation même de cette douleur la force de l'approfondir et de la dépasser. Il faut remonter sans doute jusqu'à Pascal pour voir la conscience de soi produire d'aussi profondes blessures, pour oser mettre la douleur à la racine même de la vie, à l'origine de tout ennoblissement intérieur et du salut même de la personne. C'est qu'il n'y a que la douleur qui ait assez d'acuité pour faire de la vie non plus un tableau que l'on regarde, mais un drame auquel on est contraint de participer ; elle ne révèle pas seulement à l'être ce qui lui manque et ce qu'il désire, elle insère sa conscience au cœur même du réel, en ce point infiniment sensible où aucun événement ne peut passer sans l'atteindre, aucune sollicitation lui être adressée sans déchirer sa sensibilité, sans donner à sa volonté l'angoisse d'une responsabilité créatrice. La souffrance est inséparable de l'essence de la vie, et non pas seulement de ses accidents. Elle affine l'âme et la creuse. Le scrupule même est une cruauté que l'on retourne contre soi. Et l'homme est à jamais incapable d'éprouver aucun contentement : car sa destinée est de se dépasser toujours ; il ne cesse de sacrifier et d'offrir en holocauste à l'être qu'il veut devenir l'être inférieur dont il faut qu'il se délivre. « C'est un moyen, dit Nietzsche, de classer les hommes que de savoir jusqu'à quelle profondeur ils sont capables de souffrir. Seule la grande douleur, cette douleur longue et lente qui prend son temps et qui nous consume comme du bois vert, nous contraint à descendre dans nos derniers abîmes. »

*

Cependant la douleur ne doit pas seulement être comprise et supportée. Il faut encore l'aimer et la convertir en joie. Toute joie qui n'est point née de la douleur est dépourvue de force et de gravité. « Je ne suis ni esprit ni corps, mais quelque tierce chose. » Et cette tierce chose est sans doute une chose souffrante, d'une souffrance qui est toujours celle du solitaire « réduit à vivre de sa propre graisse, à boire son propre sang ». « C'est donc un tour de force de vivre sans se laisser abattre. » Mais ce tour de force, il faut l'accomplir. La douleur ne demande point qu'on l'oublie ou qu'on cherche à s'en divertir. Il faut se détourner de Schopenhauer dont chaque ligne crie le renoncement, la négation, la résignation, et dire oui à la souffrance pour dire oui à la vie. « Nulle souffrance n'a pu ni ne pourra m'induire à porter un témoignage contre la vie telle que je la vois. » Le plus heureux des hommes doit être aussi le

TROISIÈME PARTIE

plus courageux.

Au faite même de la solitude et dévoré comme Prométhée par la douleur la plus tenace et la plus secrète, son âme déjà se gonfle de joie. C'est qu'il sent se réaliser en elle le destin de l'homme qui, en reconnaissant son état, se délivre de ses chaînes et entreprend déjà de se surpasser. Apprends, nous dit-il, à devenir ce que tu es, à avoir une vie qui soit et devienne conforme à ton désir le plus intime, une activité sans précipitation qui te permette d'être maître de toi-même et de tous tes actes. L'être que nous sommes ne se distingue plus alors de l'être que nous créons. Et la puissance créatrice dont nous subissions la loi autrefois se change en une loi que dicte maintenant notre volonté. Le surhomme est cet être spirituel que chacun porte en soi et qui lui permet d'être sans cesse l'éducateur et le médecin de lui-même. Mais Nietzsche veut être l'éducateur et le médecin de l'humanité tout entière. Et pourquoi se plaindrait-il encore de sa solitude, si la solitude accompagne toujours cette profusion intérieure qui nous interdit de recevoir, mais nous oblige sans cesse à donner ? Dès l'Université, Nietzsche voulait être un maître qui agirait sur les esprits. Et il n'y a point de maître qui ne soit voué à une solitude que ses disciples mêmes, en pensant la rompre, rendent plus sensible encore. Du moins, muré dans sa solitude, Nietzsche n'a-t-il point failli à sa mission qui était « de réaliser la sanctification et la transmutation de tout le cœur humain ». Et il se rend à lui-même ce témoignage plein de modération qui surprendra ceux qui ne connaissent de lui que ses violences : « Je sais que j'ai répandu une goutte de bonne *huile* qui sera utile à bien des gens, et que j'ai pu signaler à beaucoup un chemin *pour s'ennoblir eux-mêmes dans la paix et dans la justice.* »

Mais Nietzsche a crié si fort pour se faire entendre qu'il a été souvent entendu autrement qu'il n'aurait voulu l'être. On n'a point reconnu derrière ses paroles les plus dures la pudeur de sa tendresse, ni derrière son angoisse la plus douloureuse l'appel d'une joie secrète. « La joie, dit-il pourtant, est plus profonde que la douleur. » Et l'on peut penser qu'il s'agit ici de cette profondeur métaphysique par laquelle la signification même du réel nous est révélée. Du Retour Eternel on ne veut retenir que le vieux mythe d'Héraclite, dont il s'est attaché à chercher lui-même dans la science moderne une confirmation chimérique. Faut-il donc que nous ressuscitions toujours, mais pour assister toujours au même cycle d'événements, pour retrouver sans trêve les êtres que nous avons aimés et perdus, et pour les aimer et les perdre encore indéfiniment ? On comprend qu'une telle idée, dès qu'elle se fut établie dans son esprit, ait produit d'abord en lui une impression d'épouvante ; mais dès qu'il l'eut affrontée, il en soutint la vision avec un courage intrépide. Et au moment où l'expérience lui permet de repasser tous les maux qui ont rempli sa vie, on l'entend qui s'écrie : « C'était cela, la vie ? Eh bien, recommençons ! »

De même que l'on se délivre de la douleur dès qu'on la pénètre assez profondément pour l'accepter et pour la vouloir, on se délivre du temps qui charge nos épaules de tout le poids du passé dès qu'on consent à le subir, et même à réitérer en lui sans lassitude tous les actes qu'il paraît chaque fois abolir à jamais. Ainsi, comme c'est la douleur elle-même qui se transforme en joie, c'est le temps qui se transforme en éternité. Mais on peut se demander si le Retour est nécessaire pour cela : tous ceux que hante encore le vieux songe « palingénésique » imaginent l'homme comme un esclave à la roue, prisonnier d'un mouvement qu'il répète en aveugle et qu'il croit inventer. On s'étonne que Nietzsche ait pu trouver là le thème d'un chant de joie et de délivrance. Mais écoutons-le : l'idée du Retour ne le détourne point de penser que l'avenir est son œuvre ; au contraire, elle semble mettre entre ses mains le passé lui-même, qui dépend de lui maintenant qu'il est aussi devant lui. Car c'est l'éternité qu'il cherche, et non pas le retour ; or, l'éternité ne réside pas dans le recommencement, mais dans ce point sans dimensions « où tout le passé et tout l'avenir viennent coïncider ». Et ce point est le présent, qui contient en lui la totalité du temps, comme la joie contient en elle la totalité de la douleur.

Dès qu'il oublie le mythe du Retour Eternel ou qu'il en cherche l'essence la plus profonde, Nietzsche décrit dans un admirable langage ce présent qui est le lieu de la joie, et dont notre pensée ne se détourne que pour tomber dans le temps et pour souffrir. C'est lui qui est le véritable « Midi, l'heure de l'ombre la plus courte ». Mais nous ne sommes pas toujours capables de le reconnaître et de nous y établir. L'éternité est un moment mystique, un instant isolé, un éclair détaché de tout le reste et qui éclaire tout le reste. Mais il n'y a pas d'instant qui ne puisse devenir pour nous un pareil instant.

« Presque tous les états et tous les genres de vie, dit Nietzsche, renferment un moment d'infini bonheur » : c'est ce moment que l'art et la volonté doivent chercher à saisir et à renouveler. Et il ajoute : « Admettons que nous disions oui à un seul et unique moment, nous aurons ainsi dit oui non seulement à nous-même, mais à toute existence. Car rien n'est isolé, ni en nous-même, ni dans les choses ; et si, même une seule fois, le bonheur a fait vibrer et résonner notre âme, toutes les éternités étaient nécessaires pour créer les conditions de ce seul moment, et toute l'éternité a été approuvée, justifiée, dans cet instant unique où nous avons dit oui. » Tel est le morceau final de la *Volonté de puissance*, et le dernier mot, croyons-nous, de la sagesse héroïque de Nietzsche.

1er janvier 1933.

Chapitre VIII
LA PUISSANCE APPARENTE ET LA PUISSANCE VRAIE

Mlle Geneviève Bianquis vient de nous donner une traduction nouvelle de *la Volonté de puissance*. Nous possédions déjà sous ce titre deux volumes de fragments publiés autrefois par Henri Albert. Mais l'ouvrage que l'on nous présente aujourd'hui est tout différent : il est deux fois plus abondant, il contient de très nombreux passages inédits. Toutes les notes, toutes les ébauches innombrables que Nietzsche avait accumulées entre 1881 et 1889, en vue de la rédaction définitive, ont été recueillies et classées avec beaucoup de soin par M. Friedrich Würzbach, l'éditeur allemand, qui a respecté les titres fournis par Nietzsche lui-même, et réparti cette immense matière en quatre livres, dont on peut dire en gros que le premier est consacré à la critique des valeurs traditionnelles, le second à l'action de la volonté de puissance dans la nature, le troisième aux conditions de sa victoire dans la vie humaine, et le quatrième au fondement des valeurs nouvelles, à ce grand *Midi de l'éternité* où l'âme conquiert le calme intérieur par l'équilibre en elle de la puissance apollinienne et de la puissance dionysiaque. La traduction, dont on ne saurait trop louer le mérite quand on songe à la difficulté de l'entreprise, unit à la plus exacte fidélité dans l'expression des idées la plus heureuse réussite dans la transposition de cette langue si vive, si dense et si drue, toute ruisselante d'images et de poésie.

Nietzsche disait de *la Volonté de puissance* qu'elle était le plus important de ses livres. *Ainsi parla Zarathoustra* n'était pour lui que « le portique de sa philosophie ». Il n'a pas eu le temps de construire l'édifice principal. Nous n'en possédons que les matériaux, qui ne nous permettent pas de saisir le dessin de ce grand ouvrage dans l'unité d'un même regard, mais qui nous font pénétrer dans l'atelier du créateur, qui nous livrent pour ainsi dire à leur source les jets successifs de l'inspiration avant qu'ils aient été rassemblés et ordonnés par une pensée réfléchie, déjà guidée par des soucis logiques ou esthétiques. On n'a pas tort de nous faire observer que « les livres les plus profonds et les plus inépuisables ont toujours quelque chose du caractère aphoristique et soudain des *Pensées* de Pascal ». Le lecteur ne cesse en effet de rencontrer dans *la Volonté de puissance* ces saillies, ces ruptures, ces traits de feu, ces mouvements pressés et tendus qui nous livrent le réel avec l'acuité d'une déchirure et qui font de chaque regard de l'esprit tout à la fois un rapt et une révélation. On peut accorder encore qu'il y a dans toute construction une part d'artifice, à laquelle certains êtres peuvent se montrer rebelles, ceux précisément qui ont avec les choses le contact le plus immédiat et le plus direct, qui, dans chacune de leurs démarches particulières, trouvent accès au cœur du réel comme au cœur même d'une présence offerte. Mais si ce sont ceux qui nous donnent le plus d'ébranlement, ce ne sont point toujours ceux qui nous donnent le plus de satisfaction. Ils ne cessent de ranimer l'élan de notre âme, de l'illuminer par une suite d'éclairs, mais ne lui proposent pas toujours une demeure où elle puisse s'établir. Les cahiers de notes de *la Volonté de puissance* sont des mines de suggestions : il faut les lire comme ils ont été écrits, en s'associant au va-et-vient spontané d'une pensée pleine de zigzags, mais qui n'a cessé pourtant de s'approfondir et de s'élargir autour de son propre centre ; il serait à craindre autrement qu'on ne se laissât rebuter par les répétitions, ou les contradictions, ou la monotonie d'une discontinuité qui lasse l'attention à force de la réveiller toujours.

Le paradoxe de Nietzsche, qui fait qu'il déçoit le philosophe ou qu'il le surpasse, et qu'il a plus d'affinité avec le poète qu'avec le penseur, c'est qu'il prétend nous donner la présence même du réel sans nous faire passer par l'intermédiaire de l'idée. L'idée, à ses yeux, est un substitut de la chose, mais qui nous en détourne, au lieu de nous permettre de la saisir. Bien plus, elle nous donne une sorte de contentement tranquille qui rassure notre courage, mais nous éloigne de l'action, de toutes les tâches viriles et créatrices par lesquelles, au lieu de nous borner à considérer le monde, nous entrons nous-mêmes dans son jeu. « Je me méfie chez les philosophes, dit-il, des natures contemplatives, des tempéraments paisibles et satisfaits. » Toute pensée pour lui est fictive et, par opposition à Parménide qui disait : « on ne pense pas ce qui n'est pas », il soutient au contraire que l'on ne peut rien penser de ce qui est. Platon qui identifie le réel avec l'idée n'est rien de plus qu'une sorte de Cagliostro. C'est le signe même de la faiblesse et du mensonge que de croire que l'on tient la chose, ou plus que la chose, quand on n'en tient que l'idée. Il faut revenir vers le réalisme vigoureux et sain qu'un faux privilège attribué à la pensée nous a fait oublier. « Nous ne nous méprisons que pour ne pas savoir réprimer à toute heure cette émotion absurde qu'on appelle l'idéalisme. » Car la pensée n'est elle-même cause de rien. Elle menace toujours d'envelopper et d'abolir dans le néant de la virtualité cette puissance inventive de la vie qui la dépasse toujours. « Dieu a péri étouffé par la théologie. »

Nietzsche dit de lui-même : « J'ai écrit mes ouvrages avec mon corps et ma vie tout entière : je ne sais pas ce que c'est que des problèmes intellectuels. » Il reconnaît que chacun de nous ne peut parler au fond que de lui-même et de son expérience la plus intime. Non point d'ailleurs que cette expérience doive le conduire vers les complaisances de l'analyse de soi et de la psychologie introspective. Car « tout individu collabore à tout l'Etre cosmique », qu'il le sache ou non, qu'il le veuille ou non. Et Nietzsche le savait et le voulait mieux qu'aucun autre. C'est de là qu'il tirait le sentiment de la grandeur de son entreprise, sentiment qui n'a jamais cessé de le soutenir. Mais ce sentiment n'était pas l'effet, comme on pourrait le croire, d'un orgueil démesuré de lui-même, mais bien plutôt de l'adhérence de son être propre à un Etre total qui le dépassait infiniment et avec lequel il coopérait. Car cet homme qui a tant parlé de la volonté craignait toujours que la volonté individuelle ne vînt altérer et corrompre cette admirable vertu créatrice qui se trouve au fond des choses et que les êtres les plus purs et les plus forts cherchent à reconnaître pour lui demeurer fidèles. Aussi y a-t-il toujours chez Nietzsche un mélange de pudeur et de sincérité presque provocante, comme on le voit dans ce texte si significatif : « Les grandes choses, il faut les taire, ou parler d'elles avec grandeur, c'est-à-dire avec lyrisme et innocence. »

On ne se laissera pas convaincre pourtant par ce procès de la conscience et de l'idée qui remplit *la Volonté de puissance*, bien que l'on reconnaisse que les mots mêmes de conscience et d'idée puissent favoriser une sorte de lâcheté et de paresse qui, en réduisant notre vie à un rêve solitaire, nous font préférer à la chose le reflet de la chose et à l'action la simple possibilité d'agir. Mais ce n'est pas là la conscience ni la pensée véritables, qui ne s'exercent que par un acte intérieur, plus difficile à accomplir qu'un simple mouvement du corps, et qui, au lieu de rendre ce mouvement inutile, nous permet de le régler, de l'assumer et de le rendre nôtre. Nul ne peut penser que l'abstraction ni l'image puissent nous suffire. Mais les forces plus puissantes de l'instinct, au lieu d'exprimer notre moi le plus profond, nous submergent et nous empêchent de dire « moi » aussi longtemps que la pensée ne les a pas pénétrées et éclairées et qu'elle ne leur a point donné son consentement. La pensée n'est point une invention de notre faiblesse qui recule devant les exigences magnifiques de notre destin, qui n'est plus à sa hauteur, qui ne cesse de l'atténuer et de l'adoucir, c'est-à-dire de le renier. Du moins n'y a-t-il qu'elle qui puisse redresser ce qu'elle a elle-même corrompu. Loin de contredire la volonté de puissance, c'est à elle d'en prendre la possession la plus pure et la plus désintéressée. Mais elle ne peut y parvenir que si c'est elle qui juge de la volonté de puissance elle-même, qui nous rend sensibles à sa valeur, qui discerne sa forme authentique et la sépare de toutes les formes apparentes qui la dissimulent ou la falsifient. Autrement pourquoi Nietzsche se serait-il mêlé d'écrire ? Comment aurait-il tenté de nous enseigner la volonté de puissance ? On ne peut pas faire que cette vocation héroïque ne soit elle-même une vocation intellectuelle, qui ne cesse sans doute de soumettre à une critique cruelle les idées dont elle se nourrit, mais afin de substituer à une pensée exsangue et décolorée une pensée riche de sève et de suc, qui porte en elle toute la responsabilité de l'Etre même où elle s'insère.

C'est donc bien la pensée qui en s'interrogeant sur la suprême valeur en perçoit tous les signes dans la volonté de puissance. Au moment où on croit qu'elle abdique, c'est encore elle qui triomphe. Lorsque la volonté jouit d'elle-même et piétine la pensée, c'est la pensée qui éprouve cette jouissance et qui piétine les créations insuffisantes qu'elle a maintenant dépassées. Aussi ne peut-on éviter que cette volonté de puissance soit elle-même pénétrée de lumière. Elle se moque de toutes les raisons ; mais c'est qu'elle a pour elle des raisons plus fortes et plus secrètes. Nul philosophe n'accumule plus de preuves pour justifier les droits d'une volonté qui est au-dessus de toutes les preuves : il appelle en témoignage non seulement toute l'histoire et toute la science, mais encore cette clarté du regard et cette sérénité intérieure qui sont les privilèges d'une pensée enfin maîtresse d'elle-même. Il ne répudie qu'une intelligence qui cherche, mais au profit d'une intelligence qui trouve. Et l'ivresse même de Dionysos cache une ivresse d'avoir raison.

*

Cette analyse suffit à montrer qu'il y a dans l'œuvre de Nietzsche deux conceptions de la puissance qui sans se contredire, n'arrivent jamais tout à fait à se fondre : une conception violente et brutale, qui est jusqu'à un certain point apparente et extérieure, qui fracasse les tables de valeurs anciennes, déclare la guerre au christianisme et à la charité, met le corps au-dessus de l'esprit, la cruauté au-dessus de la douceur et le conquérant au-dessus du saint. C'est là la conception la plus connue, qu'il a tout fait pour accréditer et qui, dans le monde moderne, ne manque pas de faire école. Il y en a une autre qui est plus subtile, dont la pratique est plus difficile, et qui reste toujours associée à la première, dont on peut dire à la fois qu'elle la nie et qu'elle en est l'extrême pointe. C'est celle qui s'exprime par le respect absolu de la vérité, par la parfaite noblesse intérieure, par cette exacte lucidité et ce juste sentiment de la mesure qui nous rendent toujours maîtres de nous-mêmes, celle qui, sans réprimer l'instinct dionysiaque, le soumet pourtant au rythme apollinien, et, sans rien laisser perdre en nous de l'énergie créatrice, introduit en elle l'harmonie qui en est la perfection la plus haute.

Nietzsche est opposé à toutes les espèces de pharisaïsme, à toutes les formes de la facilité et de la mollesse, à cette recherche exclusive du bien-être et de la tranquillité, qui est une recherche du néant et porte en elle l'avant-goût de la mort. Il demande que nous traversions toutes les apparences qui le plus souvent nous contentent, et les apparences de la vertu, qui sont les pires de toutes, jusqu'au moment où nous atteindrons la racine même de l'être et de la vie. Il ne veut pas que le monde reste un spectacle, mais qu'il soit l'ouvrage héroïque du vouloir. Or le premier acte du courage, c'est d'accepter la vie telle qu'elle est, sans détourner d'elle le regard, sans faire en elle « de soustractions, d'exceptions, ou de choix ». Cela n'est possible que si nous commençons par détruire les valeurs communes, qui sont de fausses valeurs, parce qu'elles sont le fruit de la crainte, de la paresse et de l'hypocrisie. Celui qui se replace ainsi à l'origine même de la vie, qui retrouve toujours en elle son premier jaillissement débordant de force et de richesse, abolit d'un seul coup toutes les conventions et tous les artifices. Il ressemble à un barbare. Mais est-ce parce qu'il anéantit la culture ou parce qu'il la dépasse ? La réponse de Nietzsche ne fait aucun doute : car « il y a, dit-il, les barbares des bas-fonds et les barbares des hauteurs ».

Sans doute Nietzsche affirme qu'il n'y a point de grandeur qui n'ait ses racines enfoncées dans la terre. Mais il n'y a point de grandeur non plus qui n'implique la clarté du regard et la domination de soi-même. Nul ne réalise sa propre destinée qu'à travers les impulsions de la chair et du sang, mais à condition de les pénétrer, de reconnaître en elles une noblesse qui leur est donnée par l'esprit au moment où il en prend la charge et les transfigure. Il y a un esprit menteur qui ruse avec la vie et qui cherche à s'y dérober par la stérilité dialectique : mais il y a aussi une vie fruste et animale qui se refuse aux tentatives les plus difficiles et les plus délicates. Il y a une puissance nue qui est la source de l'autre, mais qui, si elle est laissée à elle-même, se manifeste par la destruction plus encore que par la création. N'est-elle point le contraire de la puissance véritable, une puissance plus apparente que réelle, tant qu'elle se tourne vers le néant et non pas vers l'être, tant qu'elle ignore tout à la fois cette lumière et cette mesure qui caractérisent la puissance véritable et sans lesquelles elle est incapable de rien construire qui puisse durer ?

TROISIÈME PARTIE

Il ne faut pas oublier que la valeur réside là où réside le maximum de courage et de liberté. L'homme supérieur, selon Nietzsche, est celui qui est à la fois le plus froid et le plus lucide. Ce romantique a le goût classique : et le propre du classique, c'est pour lui de posséder tous ces dons, tous ces besoins forts et contradictoires qui donnent à la vie son élan et sa fécondité, mais de savoir les plier sous un même joug. Il faut pour cela qu'il mette « l'intellectualité » plus haut que le sentiment, et qu'il ait la haine de l'incertain et du mystère. Mais il ne suffit pas de dire que je dois me défier de la sensibilité parce qu'elle m'empêche d'agir et qu'elle fait trembler ma main : sans doute Nietzsche demande que l'on résiste à la séduction « des regards bleus et des seins chargés de soupirs ». Mais il y a aussi une tendresse divine qui transforme et élève ce qu'elle aime. De toute manière la lutte n'a de valeur que si elle est une lutte « pour le bon goût, le bon sens et la vertu ». Loin d'exclure le calme, elle le requiert : car il a un calme qui est le signe de la force comme il y a un calme qui est le signe de l'épuisement. La force véritable exclut la colère et sait s'abstenir de riposter au mal. Et il y a trois choses excellentes dont les masses n'ont jamais eu l'idée, qui sont la distinction, la logique et la beauté.

Car la beauté est chez Nietzsche l'affirmation de l'être et de la valeur. La puissance de Dionysos doit revêtir le visage d'Apollon. Cela ne va point sans une victoire intérieure qui est toujours remportée dans la solitude. L'homme supérieur est celui qui se domine plus encore que celui qui domine les autres hommes. S'il a le mépris de la vie, c'est qu'il pense à l'instant ou à l'éternité, jamais à la durée. S'il est dur envers lui-même, c'est que tout bien en lui est un mal ancien qu'il a domestiqué. Cette même discipline qui le fortifie parce qu'il a une nature forte et capable de grandes choses, brise et ruine les médiocres. Mais lui ne songe qu'à faire une œuvre qui le dépasse. Il préfère son œuvre à sa vie. Il n'y a rien qu'il accepte de recevoir sans vouloir le rendre.

On ne saurait guère contester qu'il n'y ait dans toute l'œuvre de Nietzsche un accent véritablement prophétique. « L'état de l'Europe au siècle prochain, dit-il, nécessitera de nouveau la sélection des vertus viriles, car on vivra dans un danger perpétuel. » Et il déclare que cette sélection est la grande pensée de sa philosophie. Mais cette sélection est difficile : elle n'est pas l'effet de la force brutale qui suit sa propre pente, comporte plus d'abandon que de maîtrise et rase au lieu d'édifier. Elle s'exprime par un sacrifice de soi et non pas des autres à soi ; au lieu d'anéantir les plus faibles, elle les révèle à eux-mêmes. Elle leur montre leur vocation qui, si humble qu'elle soit, est pourtant incomparable. Elle ne cherche pas l'énorme et l'inouï, mais au contraire le simple et le naturel qui, de l'aveu de Nietzsche, sont le but suprême et dernier de la culture. Alors seulement elle réalise ce oui à l'instant, qui n'est pas seulement un oui à nous-mêmes, mais un oui à tout l'univers.

7 janvier 1938.

Fin

ISBN : 978-2-37976-203-1